JN085408

「不連続な変化の時代」
を生き抜く

経営共創基盤(IGPI)グループ会長
冨山和彦

リーダーの「挫折力」

PHP

はじめに
厳しい時代を楽しく生き抜くリーダーになろう

そもそも「挫折力」とは何か？

「挫折力」とは耳慣れない言葉だと思う。

これは私の造語であり、簡単にいえば「挫折を愛し、乗り越え、活かしていく力」というくらいに解釈していただきたい。最近よく聞く「レジリエンス（打たれ強さ）」という言葉とほぼ同義だが、単に挫折から立ち直る方法というよりも、挫折を活かしてより前に進むための積極的な方法論だと考えてもらえればと思う。

現代は、「１００年に一度」と呼ばれるような大変革が10年に一度、あるいは数年に一度起こるような時代だ。2008年のリーマンショックも、2011年の東日本大震災も「100年に一度」の事件といわれた。そして2020年には、世界を震撼させたCOVID-19のパンデミック、いわゆる「コロナショック」が、それらを上回るインパクトで世界中を席巻した。

加えて、いわゆるデジタル革命により、「不連続な変化」があらゆる分野で起きている。ある日突然、ゲームのルール自体が変わってしまう。携帯電話端末事業が「iPhone」の登場により破壊されてしまったのがその一例だが、昨今のコロナ禍においても、国際線のビジネスクラスのニーズがZOOMなどのリモート会議サービスに代替されるという、誰も予想しえなかったような変化が起きている。

こうした世界を、日本企業が得意としてきた「改善・改良」だけで乗り切るのは不可能だ。予期せぬ災害でサプライチェーンが分断されてしまったり、昨日まで通用していたビジネスモデルが急に陳腐化してしまったりするようなことが日常的に起きてくる。つまり、必然的に誰もが「失敗」や「挫折」に直面する機会がいやおうなしに増えてくる。

このような時代を乗り切るカギを握るのが、リーダーだ。絶対の正解など存在しない問いに対して答えを出し、素早く決断し、果敢に実行する。当然、失敗することもあるが、その際には朝令暮改のそしりを恐れずに方向転換を図り、なんとしてでも結果を出す。

こうしたリーダーは必然的に「トップダウン型」となる。いわゆる従来型の「調整型」「ボトムアップ型」リーダーではない。不連続な変化に対して、ボトムアップで全員のコンセンサスを得てから動いていては手遅れになってしまう。

これまでの日本ではトップダウン型リーダーは「独断専行」「独裁者」などとして忌み嫌われる傾向にあった。また、「失敗しない人」「調整能力が高い人」が出世するという従来のシステムの中では、そうしたリーダーが育ちようもなかった。しかし、今後はこうしたリーダーの存在なくして、国も企業も立ちいかなくなってくるだろう。

では、どうしたらそんなリーダーになることができるのか。その答えの一つがこの「挫折力」を磨くことだと私は考えている。


そもそも、失敗や挫折は不幸なことなのだろうか。私のまわりには、失敗や挫折など気にせず挑戦を続け、楽しそうに仕事をしている人が数多くいる。むしろ、「失敗したくない」という呪縛に囚われ、変化できずにいる人のほうがよほど不幸に見える。

私自身、振り返ってみると、幾度もの「失敗」「挫折」が自分を成長させ、人生を豊かにしてくれたことを痛感している。挫折とは挑戦の裏返しであり、挫折を恐れないからこそ挑戦を繰り返すことができる。

企業も同様だ。私は長年、企業の経営改革や再生を専門としてきた。産業再生の仕事はまさに、失敗や挫折からいかに立ち直ってもらうかという仕事である。

この仕事を通じてつくづく痛感していることがある。それは、一度危機に陥った企業が立ち直るのは大変ではあるが、その困難な改革を成し遂げた企業は、以前にも増して強くなるということだ。経営危機という現実を突きつけられたからこそ、全社が一致団結して変革しようという機運が生まれるのだ。

アップルやノキア、ソニーや日立といった会社も、失敗経験を活かしたからこそ見事に変わることができた企業だ。むしろ、ずるずると問題を先送りしてきた企業のほうが変革が遅れ、ある日突然カタストロフィに襲われる危険性があるともいえるだろう。

人も企業も「失敗」「挫折」を糧にしてこそ、強くなれるのだ。

本書は、2011年に発刊した書籍『挫折力』をベースに、大幅な加筆・修正を行ったものだ。コロナショックという未曽有の危機に際して、今一度、次世代リーダーに対して

「挫折力」の重要性を訴えたいと考えたからに他ならない。

失敗や挫折に負けない打たれ強さを身につけてもらう方法だけでなく、リーダーに不可避な「人と組織の動かし方」についても説いていく。

このような変化の激しい時代には、企業は必然的に「出血」を強いられる。ある事業から撤退したり、人を切り捨てたりという決断をいやおうなく迫られることになる。今までのように終身雇用制の枠の中で、誰もが定年まで勤め上げられるという時代はとっくに終焉を迎えている。

このような時代にリーダーを目指すならば、こうした経営判断に伴う犠牲を一身に受け止めなくてはならない場面が必ず出てくる。社内外から恨みを買うこともあるだろう。

そのような修羅場に耐え抜く能力が、リーダーには必要になる。私の実体験から得られたリアルな技法を紹介したいと思う。

この不安定な時代は、おそらく今後も続いていくだろう。しかし、私たちの祖先もまた、明治維新や太平洋戦争などの大きな変動や挫折を経験しながら、それを乗り越えて命をつないできた。どんな時代であっても心を病まず、生をあきらめずに、ここまで生き抜いてきた私たちの中には、そういった変動や不安定をしたたかに、おそらくは愉快に生き抜く遺伝子が伝えられているはずだ。

ならば、このシビアな時代を嘆き、絶望するよりも、一度きりの人生の限られた時間をいかに愉快に過ごすかを考えたほうがいいのではないだろうか。

本書の読者からぜひ、新しい時代を生き生きと切り開いていくような「打たれ強い」リーダーが生まれることを願っている。

2021年2月

冨山和彦

「不連続な変化の時代」を生き抜く

リーダーの「挫折力」

目次

第2章

ストレス耐性を高め、失敗を笑い飛ばせ

第3章

「人間関係の泥沼」を楽しみ、糧にする

第4章

リーダーの仕事は「捨てる」ことである

第5章

強力かつ危険な「権力」をリアルに使いこなす

序　章

「修羅場」の時代のリーダーシップ

「有事が平時」の時代がやってきた――コロナショックの衝撃

コロナショックの影響はリーマンショック以上

２０２０年初頭に世界を襲った「コロナショック」により、世界の姿はまさしく一変した。街中からは人が消え、あれほど盛んだった国際間の往来はストップ。オリンピックを始めとしたイベントは軒並み開催中止を迫られた。さらに、マスク着用やソーシャルディスタンスなど、人々の生活様式も大きな変更を迫られた。

コロナショックは、同じく「１００年に一度の危機」と呼ばれた２００８年の「リーマンショック」に比べても、その影響は格段に広く大きい。グローバル金融サイドから始まった危機であるリーマンショックでは、その影響が実体経済にまで及んでくるのに時間差があり、影響も限定的だった。しかし、コロナショックでは感染症リスクに備えるために厳しい行動抑制が必要となったことで、生産と消費の両面で経済活動に強いブレーキがかかった。私がＬ（ローカル）型産業と呼んでいる分野、すなわち飲食・サービス業、小売業、エンターテイメント業、そしてインバウンドに沸いていた観光業や宿泊業などが軒並み大ダメージを受けることになった。L型産業は日本のGDPの7割を占める基幹産業群であり、その影響は甚大だ。

そして、その影響は現在、G（グローバル）な経済圏に展開している大企業とその下請け企業にも広がりつつある。ここで食い止めることができず、F（ファイナンシャル）の世界まで影響が波及してしまうと、それが実体経済をさらに悪化させるという負のスパイラルに陥り、影響はさらに長期化の様相を呈することになるだろう。

今のところ各国の超積極的な金融緩和と財政出動、そして中国経済の回復が順調なことからショックはGの一部にとどまっているが、異様とも思える世界的高株価は経済対策の副作用バブルの可能性もあり、コロナショックの歪みは静かにGとFの世界にも生じている。負のスパイラルリスクについては、今後も引き続き厳重に要注意である。

有事が平時の時代がやってくる

では、近い将来、幸いにも接種が始まったワクチンが機能し、治療薬も開発され、パンデミックが収束すれば、世界は「有事」から「平時」に戻るのかというと、それははなはだ疑問である。

今回のＣＯＶＩＤ－19のパンデミックは、20世紀初頭のスペイン風邪以来の「１００年に一度の危機」といわれるが、２００８年に起きたリーマンショックも「１００年に一度の危機」と呼ばれたし、１０００年に一度の巨大地震といわれた２０１１年の東日本大震災と福島第一原子力発電所事故も、いわば滅多に起きないはずの「ブラックスワン」的なイベントである。遡《さかのぼ》れば30年前に巨大バブルの崩壊による未曽有の金融危機を我が国は経験し、続いて１９９７年にはアジア通貨危機、２０００年にはＩＴバブルの崩壊と、日本と世界は何度も破壊的な危機に繰り返し直面してきたのが、この30年間の歴史なのだ。

つまり現在は、「１００年に一度の危機」が10年に一度、あるいはそれ以上の頻度で発生するような時代なのだ。後世の人々はその背景についていろいろな分析をするのだろうが、人類史は比較的安定的な時代と不安定な混乱期を振り子のように往復してきた。技術的イノベーションや新しい宗教や思想の勃興、あるいは気候変動などがその背景にあるのだろうが、この30年間についても、東西対立が終わってグローバリゼーションの時代に入り、デジタル技術で新たな産業革命が始まり、気候温暖化もより現実化していく中で、いろいろなことが再び相対化、流動化する時代に入りつつあるのではないか。

そう考えたとき、コロナショックが無事収束しても、ほどなくして同様の、あるいはさらに大きな危機が起こると考えるほうが自然である。

実際、グローバル化およびデジタル化が進んだことで世界がつながって交流人口が爆発的に増え、デジタル技術により情報が瞬時に広がることで、危機が即時にかつ世界的に広がっていってしまう構図は、金融危機であれ、感染症拡大であれ共通している。

そして、2019年の時点で「新型コロナウイルスの世界的流行」を予見できる人がほとんどいなかったように、次に起こる危機は今、我々が想像もしなかったような形で訪れる可能性が高いだろう。

今後はおそらく「平時」などというものが戻ってくることはなく、常に有事が続く。つまり「有事が平時」といったような時代になるのではないだろうか。

「モノづくり」だけで生き残れる時代の終わり

このような時代に生き残るための キーワードとなるのが「変容（トランスフォーメーション）」だ。社会のあらゆるレベルで不連続かつ大きな変化が起きる中で、過去のしがらみにとらわれず、柔軟に変容できる組織や個人だけが生き残ることができる。

だが、日本企業はこれが苦手だった。より正確にいえば、それを避けてきた。その結果が、「失われた30年」である。

現在の日本企業の慣行、いわゆる日本的経営なるものは、戦後の経済復興期に形作られたものだ。世界大戦によるカタストロフィ（大破滅）を経て、「二度とこのような過ちを犯してはならない」という決意のもと、時代的な環境の中で先人たちが作り上げてきた偉大なものである。しかし、特にこの30年間において、その仕組みが揺るがされるようなさまざまな変化が進行するようになり、多くの分野で矛盾が顕在化してきた。

戦後の復興期から高度成長期にかけて、日本企業は現場主導による絶えざる改良・改善活動により製品の品質を磨き上げ、コストダウンを図り、世界中に安価で高性能な製品を大量輸出することで経済を成長させてきた。いわゆる新卒一括採用、終身年功制を基盤とした同質的かつ固定的な組織構造、そして曖昧なジョブディスクリプションですり合わせ的な集団協業を行うメンバーシップ雇用といった経営モデルも、当時の競争モデルと整合的、合理的に形成されていった。

しかし、グローバル化で日本の何十分の一のコストで同じような大量生産を行う競争相手が新興国から次々現れる。中国などは日本の10倍の人口を持っているので、その量的なインパクトは強烈だ。しかも、こうした企業群は創業世代が率い、極めて迅速かつ大胆な戦略行動を取る。コスト面でも、経営面の意思決定スピードと大胆さでも、大きく古くサラリーマン化した日本企業は劣勢に立たされていった。

加えて起こったデジタル革命により、競争力の源泉はハードからソフトに移行した。例えば今やテレビを製造するメーカーよりも、コンテンツを配信するアマゾンやネットフリックスといった企業のほうが高い収益力と競争力を持つ。GAFAの時代の到来で、クロモノ家電（AV機器）の世界などでは日本企業の代名詞であった大量生産型の「モノづくり」だけでは生き残っていけない時代が到来したのだ。

日本企業が陥ってきた「成功の呪縛」

過去30年間にこうした変化の中で起きた金融危機や自然災害による破壊的リスクイベントは、「トランスフォーメーション」の機会でもあった。だが、日本企業の多くは、1990年代のバブル崩壊のときも、リーマンショックのときも、景気後退に対して、とりあえず応急処置で血止めをしておこう、というような選択をしてしまった。

その背景には、「今、危機に陥っているのは一時的な不景気のせいであり、自分たちのせいではない」という甘えがあったことは否めないだろう。また、今なら明白となっているグローバル革命とデジタル革命がもたらす文字通り革命的なインパクトの意味、それまで一時代を作り、「ジャパン・アズ・ナンバーワン」とまで称賛された日本的経営モデル、日本企業の「カイシャのカタチ」、日本の「サラリーマン人生のカタチ」に対していかに破壊的イノベーションをもたらすかを、経済人の多くは実感をもって理解してなかったのだと思う。

要はあまりにも顕著な成功がもたらした「成功の呪縛」が極めて強く、それを断ち切って本格的「変容」に取り組むことは、個別企業レベルでも経済社会レベルでも難しかったのである。

だからこの分野でも日本は、問題が起きたときに個別に対応するようなパッチワーク型の対応に終始してきた。本来なら、ビジネスモデルを根っこから組み替えるほどの変革が必要であったのだが、それをやらなかった。その間に、残念ながらGAFAはもちろん台湾や韓国の企業、そして中国の新興デジタル企業にも後塵《こうじん》を拝することになってしまった。

従来の日本的経営モデルでは「野球からサッカー」への変容は不可能

デジタル革命、最近の流行でいうデジタルトランスフォーメーション（DX）の真のインパクトは、経理業務を自動化するとか、会議をリモートで行うとかのかつてのIT化の延長線上のような生易しいものではない。ものの数年でビジネスモデル、産業構造が大変貌し、既存の大きなビジネスが消えてなくなるのである。そして新しい種目は、外見上、同じようなことをやっているように見えても、まったく別種目。スポーツにたとえると野球とサッカーくらい異なる種目になってしまう。

20年前にアップルがiPodを出し、その後iPhoneを出すことで、前者がソニーのウォークマン、後者はパナソニックを始め当時の日本企業の携帯電話端末事業の多くを破壊した。この破壊の本質はアップルがネットワーク上のソフトウェアサービスプラットフォームの下にハードウェアサービスをぶら下げるという、ハードとソフトが完全に融合したビジネスモデルを提示したことで、ゲームの本質を変えてしまったことにある。

日本企業はハード技術を基盤にあれこれ対抗を試みるが、新卒一括採用・終身年功型の組織にはいわば野球選手しかいない。意思決定もゲームの進め方も野球スタイル。攻守が順番に入れ替わり、打順も決まっていて、ゲームはすぐ止まって一球一球サインを確認してからプレーは始まる。

野球がサッカーになったにもかかわらず、サッカーとはまるで逆の組織能力しかないからどうにもならない。最初は、種目がサッカーに変わったことにさえ気づかない。何しろ、サッカーをやったことがある人はほとんどいないのだから。やがて気づいても、終身年功制に手をつけられないので、サッカーに向いていそうな人間に今さらサッカーの練習をさせ、サッカーフィールドに送り込むしかない。しかしGAFAをはじめ、そこは元々、サッカー向きに作られた組織構造、会社の形のところへサッカーの才能にあふれた選手が集められたバルセロナやマンUみたいなチームが世界トップを争う、欧州チャンピオンズリーグのようなフィールドである。惨敗は必至だった。

要するに従来型の日本的経営モデル、「カイシャのカタチ」では、DXがもたらす破壊的イノベーションの時代に必要となる変容は不可能なのである。だとすればこの時代を生き残るためには、会社の形を根本的に改造、コーポレートトランスフォーメーションし、異次元の変容力を持つ、多様で流動的で開かれた経営モデル、組織運営モデルへと転換せざるを得ないのである。

デジタル革命、DXはコロナショックでむしろ加速し、それが影響を与える産業領域はますます広がる勢いである。一つの例として、従来のグローバルネットワークエアラインのビジネスモデルの核にあったビジネスクラス需要は、リモート会議サービスというデジタルイノベーションによってかなりの部分を不可逆的に破壊されそうな状況である。

加えて、ここにきてゼロエミッション革命、エネルギー革命という新しい破壊的イノベーションの波も起きつつある。

どこに行っても、個別企業が個々人の人生、生活を一生涯にわたり保障することは、ますます不可能になっていく時代なのだ。

今どきの「外コン」にも幻想を持つな

最近、いわゆる一流大学の学生の間で「外コン」、すなわち外資系の投資銀行やコンサルティング会社が大人気となっている。私たち経営共創基盤（IGPI）グループは日本ベースのプロフェッショナルファームだが、幸か不幸かそのカテゴリーに入っているようだ。

私自身、社会人のキャリアを、当時はまったくマイナー業界だった戦略コンサルティンググファームであるBCG（ボストン・コンサルティング・グループ）からスタートしているし、DeNAやm3（エムスリー）など、「外コン」出身者による大きな起業成功例も増えているので、憧れのキャリアの一つになっているのかもしれない。また今や代表的な「外コン」企業は、日本国内だけでも数百人から千人単位、ワールドワイドには万人単位の「大企業」となっており、そこに安心感を持って入社を希望する若者も少なくないだろう。

しかし、である。この構図はかつて、大銀行、大メーカーや一流官庁に入っておけばサラリーマン人生として安泰だし、転職先、天下り先にも事欠かない、という理由でそういった有名企業に大量入社していった、昔の私の同窓生たちと本質的に変わらない。30年、40年経ち、時代が大きく変動していく中で、彼らの目論見のほとんどは見事に外れていった。

私は「外コン」を使う立場になることもあるのでよくわかるが、一般論として「外コン」の仕事の中身、仕事の進め方は、私が若かった頃とは大きく様変わりしている。

当時はマイナーなテイラーメードの個人商店的であり、したがって大前研一さんや私の師匠だった吉越亘さんのような有名な職人も現れた。

ところが今や巨大化し、いわば大企業の経営企画部門やIT部門の知的アウトソーシングビジネスに進化した大手「外コン」の仕事は、良くも悪くもテンプレート化されていて、効率良くベストプラクティス情報を収集・整理して、テンプレートを埋めていけば一つの報告書ができ上がるように仕組み化されている。ある種の情報装置産業化が進んでいるのだ。

その意味で突出した頭脳や創造性を持っていなくても、優等生的に頭が良く、協調性、コミュニケーション力があればそれなりに活躍できる、懐の広い職場になっている。しかし裏返していえば、「サラリーマン」職場化が進んでいるという見方もでき、その枠の中でスキルを積み重ねてマネジャー、ディレクター、パートナーとして昇進していくことが、必ずしもマネジメントプロフェッショナルとして世の中的な通用性につながらない時代にもなっている。

少なくとも今どき「外コン」に入れれば、会社が然るべき教育やスキルを与えてくれて、自分はナイスなビジネスパーソンライフを送れるエリート街道に乗れるとは絶対に思わないほうがいい。

逆にいえば、ＤｅＮＡの南場智子さん、マネックスの松本大さんや私は、30年前にそんなことは露ほども思っていなかったし、私たちはそんな思いを持てないほどマイナーで未成熟な時代に「外コン」に飛び込んだことがラッキーだったのだと思う。

自分としては、かつてのエリート大企業が人材の墓場になっていった愚を繰り返したくないので、ＩＧＰＩグループの人的資源経営は、あくまでもビジネスとマネジメントのリアルにおいて、評論家やアドバイザーの枠を超えて当事者、すなわちハンズオンプロフェッショナルとして機能する一流の人材を生み出すことにこだわっている。新卒、中途を問わず徹底的に。

これは私たちの遺伝子が、直ちに生きるか死ぬかの成果を問われるハンズオン再生プロフェッショナルからスタートしていることとも深くかかわっているが、とにかく「外コン」の枠を越え、マネジメントがものをいう局面においてリアルワールドでリアルに役に立つ人材たれ！ということだ。

「ユートピア」はもはや存在しない

その意味で、今回のコロナショックは、会社のレベルと個人のレベルの両面で、ピンチであるとともに、大きな変革、トランスフォーメーションのチャンスでもある。繰り返すが、影響は多方面に及び、おそらくは長期化する。リーマンショックのときですら、実際に大きな影響を受けたのは日本航空のようなグローバルネットワークエアラインや、自動車関連などの輸出産業に限られていた。しかし、今回はほぼ全産業に影響が出ている。

加えて、前回は危機の収束とともに例えばエアラインの需要は急回復したが、今回はデジタル革命の加速によって前述のようなビジネスモデルの変容が起き、そうはいかない可能性が高い。このような不可逆的な変化が起きてしまう産業は少なくないだろう。

これまで日本企業が変わることができなかったのは、それでもまだ、何とか余裕があったからだろう。だが今回に限っては、「従来のやり方でもまだ、何とかなるのではないか」と淡い期待を抱いていた人も、それがいかに甘い考えだったか、思い知らされるはずだ。

社会全体から会社、そして個人に至るまで、あらゆるレベルで変容、トランスフォーメーションが求められる。その中で経営をしていくのが今の時代のリーダーの宿命であり、その中で働いていくのがビジネスパーソンの宿命だ。

著名企業に勤めることができたから一生安泰だ、今いる場所でコツコツ頑張ればサラリーマン人生をまっとうできる、という時代はもう来ない。自社が厳しいからと別の会社に移れたとしても同じで、どんな大企業であってもイノベーションのジレンマ、すなわち破壊的イノベーションの時代においては古くて大きい会社ほど破壊されるリスクが高く、結局、ユートピアなどどこにもない。

ならば覚悟を決めて、そんな時代に「いかに愉快に生きていけるか」を模索するしかない。そんな時代が到来しているのだ。

リーダーに求められる「トランスフォーメーション」
——ボトムアップからトップダウンへ

修羅場を乗り越えるには「トップダウン型リーダー」が必須

企業が抜本的な大改革を行おうとすれば、あちこちで矛盾や摩擦が起こるのは必然だ。変化によって既得権益が奪われたり、これまでの安定した地位が奪われたりすれば、誰しも抵抗するのが当然だからだ。権力闘争や世代間対立、互いの足の引っ張り合いといった「修羅場」が、そこかしこで起こることとなるだろう。

だからこそ、組織を率いる「リーダーの資質」が強く問われることになる。利害の異なる人々をまとめ、変革に向かって導いていくリーダーの存在なくしては、この修羅場を乗り越えることは到底不可能だ。大変革の時代はイコール「リーダーの時代」ということもできるだろう。

しかし、従来型のリーダーのままでは、この有事の時代、修羅場の時代は生き抜くことはできない。リーダーにもまた「トランスフォーメーション」が求められるのだ。

リーダーのスタイルは、大きく二つに分かれる。一つはより多くの人の意見を聞き、議論を尽くし、その結果を踏まえて意思決定をするタイプ。いわば「ボトムアップ型」のリーダーシップだ。

もう一つは、現場の最前線まで自ら足を運んで情報は徹底的に集めるが、決断はあくまで自分一人で行う。いわば「トップダウン型」のリーダーシップだ。その決断は必ずしも社員の総意を反映したものではなく、しかも、状況が変われば、「朝令暮改」といわれようが大胆迅速に方針転換をする。

従来の日本型リーダーは前者であり、後者は時に「独断専行」「独裁者」などと批判されることもあった。しかし、スピードとダイナミズムが問われる変化の時代において、ボトムアップ型の意思決定ではいつまでたっても物事は決まらない。有事の際には「トップダウン型」のリーダーシップでなくてはならないのだ。コロナショックのような破壊的危機が頻発し、その間に破壊的イノベーションが断続的に進行する時代にトップダウン型リーダーシップが求められることは自明である。

そもそも、「独断」という言葉が日本では悪い意味に捉えられることがおかしいのだ。

トップの仕事は意思決定をすることであり、「独断」であるのは当然の話だ。その代わり、その意思決定の結果には全責任を負う。合議で決めて、結局誰も責任を負わないというほうがよほどおかしいのだ。

何よりもトランスフォーメーションすべきは「日本的リーダーシップ」

ボトムアップ型のリーダーシップスタイルが、必ずしも悪いというわけではない。先述の通り高度成長時代においては、そうしたリーダーシップが求められる合理性があった。「日本的経営」の構成要素全般にいえることだが、その多くは戦後復興期から高度成長期に、東西冷戦の時代に日本の置かれた国際的な立場、小資源国という前提の中で選択した加工貿易立国による経済成長戦略と整合的に形成されたものである。ほとんどの仕組みは私の生まれた1960年代に形成されている。たかだか60年の歴史しかないものをまともな歴史家は「文化」なんぞとはいわない。

企業にかかわらず、国全体のかじ取りから小規模なチーム運営まであらゆる組織にいえることだが、経営とは「どのように意思決定をするか」と「それをどう実行するか」という二つの課題に分けられる。

もちろん、どちらも大事だが、かつての日本企業は後者、つまり「実行力」、すなわちオペレーショナル・エクセレンスこそをその競争力の源泉にしていた。

高度成長時代の競争モデル、勝ちパターンにおいては、製造業の現場での絶えざる改善・改良を繰り返して商品力を高め、秩序だった運営をすることで確実なデリバリーを行うことが何よりも重要だった。それを支援する銀行にしても商社にしても、それぞれ金融機能、貿易機能においてサポートを行う点で、本質的にオペレーショナル・エクセレンスが求められた。

このような時代においては、「実行力」こそが大事であり、意思決定力、それも「あれか、これか」の、組織内に光と影の鮮烈なコントラストが生まれ、しかも成功が約束されていないようなハイリスクな決断をする力は二の次でよかった。

意思決定のオペレーショナルな実行可能性を担保する上では、全員で議論してコンセンサスを得て、現場に近い立場の人から順番に組織ヒエラルキーを上りながらハンコを押す「稟議方式」で行ったほうがいい。トップは下から上がってきたその結論を承認すればよかったのだ。だから会社法上の最高意思決定機関である取締役会は、短時間でしゃんしゃんで終わる儀式化されたものが良しとなる。

しかし、今や企業を取り巻く環境は激変した。多くの分野で市場そのものが消えてしまうような破壊的イノベーションが顕在化してきた。コツコツと改善に励んだところで、市場そのものが消えてしまっては意味がない。こんな時代に伝統的な日本的リーダーシップが通用しないのは自明である。

もちろん破壊されずに機能している事業、新しい事業も巡行的な成長モードに入れば、実行力、オペレーショナル・エクセレンスは重要となる。日本企業の多くはそこに強み、コアコンピタンスを持っているのは事実だ。チームとしての経営トップ陣がそれをマネジメントできることは必要である。先述の例でいえば「野球」をこなす力も大事だ。

しかし今やリーダーは、いやリーダーこそが、「サッカー」あるいはラグビーやゴルフ、テニス、ひょっとしたら演劇やポップ音楽のマネジメントもこなさなくてはならないし、こうした異種目への大胆なビジネスモデルの変更を行わねばならない。

こうした変化に、従来型のボトムアップ一辺倒、コンセンサス一辺倒のリーダーシップスタイルで、「改良・改善」一本足打法で対処することは到底不可能だ。だが、今でも多くの日本企業はその現実を直視することを拒み、終身年功制は簡単には変えられない、日本的経営モデルは簡単に変えられないので得意の実行力でどうにかなるのではないかと必死に取り組んでいる。

しかし、文化なんぞとは呼べない短い歴史しかない制度は、別の合理的な仕組みが入ってくればあっという間に駆逐されるのは、人類の歴史が証明している。日本の歴史とて同様、いやこの国ほど新しい合理的な仕組みを融通無碍《ゆうずうむげ》に取り入れてきた国は珍しい。

だからこそ、リーダーもまた「ボトムアップ型」一辺倒から、「トップダウン型」をこなせる「両利き」リーダーシップにトランスフォーメーションをしなくてはならないのだ。

「誰もがリーダーになれる時代」の終焉
——狭く厳しい、されどやりがいある道

「中間管理職」は絶滅危惧種に

従来の日本企業では、誰でもラインの中で頑張っていれば、ある程度の出世が可能だった。入社してしばらくすると係長、課長といった中間管理職に出世していき、さらに一部の人は部長、本部長に、運が良ければ経営層にまで自動的に上がっていくことができた。

しかし残念ながら、そのような幸せな時代は二度と戻ってこない。なぜなら今、「中間管理職」という仕事が急速に消滅していっているからだ。

従来の「中間管理職」の仕事は、いわば「監視」「モニタリング」だった。上から与えられた役割が滞りなく進んでいるかを確認する役割。例えばバス会社において、運転手一人ひとりが安全に、正確に運転しているかをチェックする係が中間管理職だったわけだ。

もう一つは組織内、組織間の「調整」「根回し」である。組織の和とボトムアップ型のコンセンサス作りを最優先する意思決定スタイルにおいては、会社の内外で調整すべきことがたくさん出てくる。競争市場に対峙する能力よりも「社内の歩き方」の達人であることが中間管理職にとって重要であり、かつ出世の条件でもあった。

しかし、こうした業務はITによって急速に置き換えられつつある。ITによってより正確なモニタリングが可能になるし、情報も瞬時に行き渡る。単なる「ウォッチドッグ」の役割はゼロにはならずとも、大幅に減少する。

不連続な変化の時代、意思決定も重要な戦略的な決断、戦略的なピボット（方向転換）ほどトップダウン型になっていく中で、コロナ禍でリモートワーク化が進み、「調整」「根回し」の重要性はますます低下している。

一方で現場の人の需要は変わらない。「安全かつ正確にバスを運転するテクニック」を持つ人は、そう簡単にITに取って代わられることはないからだ。仮に自動運転が実用化されても、大きな鉄の塊が公道を走行している限り、現場の仕事がなくなることはない。

結局、どの会社も中間管理職がだぶつくようになり、真っ先にリストラの対象となる。

ミドルの仕事は意思決定力が問われる「中間経営職」へ

だからといってミドルの仕事がまったく不要になるわけではない。ただし、その役割は変わってくる。管理ではなく、「経営」が仕事となるのだ。

例えばバス会社だったら、このルートで利益は最大になるのか、この体制で安全性は守れるのかを判断し、必要とあればそれを変える。つまり、ミドルマネジメントも「意思決定」こそが仕事となってくるのだ。

ただ、このような役割を持つ「中間経営職」は、従来よりも数的には少なくなるだろう。何にせよ「誰もが年功で管理職という名の『リーダー』になれる時代」はもはや過去のものなのだ。

実際、経営危機に陥った会社は、40代以上の中間管理職世代をリストラ対象にするのが毎度お決まりのパターン。バブル崩壊以降のこの30年間、繰り返されてきた人員整理の常道である。

若い頃に「あのおじさんたちがいなくなるとうちの会社はコストが軽くなり風通しも良くなる。冨山さんよろしくお願いします！」といっていた人たちが、やがて自ら中高年のお荷物世代になる繰り返し。今どき中間管理職の延長線上に経営リーダー稼業はないのだから当然だ。

これは彼らの罪ではなく、会社に命じられた仕事をあれこれ優等生的にやっていれば年功で管理職に昇進し昇給する仕組みを維持してきた歴代マネジメントの罪、コーポレートトランスフォーメーションの不作為の罪なのだ。

日本の雇用体系はジョブ型へ、雇用の中心は中堅・中小企業へ

現在、日本企業の雇用体系は「メンバーシップ型」から「ジョブ型」へと大きく変化しつつある。「メンバーシップ型」は終身雇用を前提としたシステムであり、社員は会社から求められるまま、あらゆる場所であらゆる仕事を行うことになる。アイデンティティは「○○会社の社員」にある。

一方、「ジョブ型」においては、その人がどんな仕事をするかが明確に定められており、それ以外の仕事をすることはない。そのアイデンティティは「○○のプロ」にある。前者は「ゼネラリスト型」、後者は「スペシャリスト型」といい換えてもいいだろう。

多くの企業が「ジョブ型」になる中で、誰もがどこかの段階で「リーダー層を目指すか、

スペシャリストを目指すか」の選択を迫られることになる。

欧米ではプロフェッショナルスクールが存在し、おおむね30歳くらいまでにその選択をすることになる。日本ではもう少し先まで選択の余地があるだろうが、何にせよ、早めに決断したほうがいい。一番まずいのは、どっちつかずの状態で日々を何となく過ごすことだ。

ちなみに日本の古い経営者は、「ジョブ型」にするとチームワーク精神が失われて現場力が落ちるなどといい出すが、日本以外のほとんどの国は労働法制・労使慣行上「ジョブ型」が基本だし、日本企業の優れた海外工場では国内工場を上回る生産性を実現しているところもたくさんある。日本でも医療（医師、看護師）や交通（運転手）は昔からジョブ型であり、産業・社会構造の変化でそういう産業領域の雇用はますます増えていく。要は「ジョブ」としてチームワークや改善改良業務をしっかり定義し、フェアにそれを評価する人事考課を行っているか、に尽きる。

だからこの流れは止まらない。必ずあなたの身近にも及んでくる。漫然と今の職階の仕事をこなしていれば、時間が経てば中間管理職へと昇進できる時代はもうやってこない。逆に現場の生産技術職、ウェブマーケティング職などでプロの腕を磨いていけば、中途半端な課長や部長よりも高給で処遇される時代がやってくる。

そしてこれらローカル型の産業は昔も今も将来も中堅・中小企業が中心である。この30

年間、大企業の正社員雇用比率は減少の一途。今や勤労者全体の2割しかいない。これはイデオロギーに関係なく先進国共通の現象で、米国はもちろん、高福祉国家で有名な北欧だって同じ傾向にある。グローバル化が進むほど、デジタル化が進むほど、先進国経済はよりサービス産業中心に、より中堅・中小企業中心に、より契約社員的、ギグワーカー的、フリーランス的な働き方にシフトしていく。

よくいえば、愉快に豊かに人生を送れるモデルは多様化し、リーダー像もさまざま。そこに到達する道も多様化する。悪くいえば、真面目に勉強していい大学を出て大企業にもぐり込めれば年功で出世できる定番のリーダー指定席は消えていく。こんな時代を愉快に豊かに生きて行けるかどうか、すべてはあなた次第である。

「エッセンシャルワーカー」こそが重要だという確信

誤解なきよう申し添えておくと、ゼネラリストかスペシャリストか、大企業か中堅・中小企業か、グローバル企業かローカル企業かは「どちらが上」という話ではない。向き不向きの問題であるし、人生観の問題でもある。バスの運転のプロは、バス会社の経営層より下なわけではない。

大事なことはリーダーであれ、フォロワーであれ、それぞれの立場で、「世のため人のため」に役に立っているか、それも自分がもらっている給料以上の対価を払ってもらえるほどに役に立っているか、である。その意味で、例えば「中間管理職」の立場でそれだけのお役立ちをするのが難しいことは明らかだろう。

むしろコロナ禍で医療・介護や公共交通、物流、小売などの社会インフラの現場でオペレーションを担う人々こそが、真に社会の役に立っている「エッセンシャルワーカー」として再認識されつつある。

エッセンシャルワーカーという言葉は、ドイツのメルケル首相がコロナ禍に立ち向かうことを国民に呼びかけた有名な演説で言及したことで一気に世界中で認知されたが、私自身もちょうど10年前、２０１１年の東日本大震災に起因する原発事故からの住民避難にグループの福島交通と茨城交通が出動した折、そのことを痛感させられた。

産業再生機構の時代にも地域の中堅・中小企業の再生に数多く携わったことによりぼんやりと持っていた、「この国の基幹産業群は、ＧＤＰ面でも雇用面でも、そして社会的な重要性という意味でも、実は地域密着のローカル産業群なのではないか」「自分がそれまで暮らしていたグローバルエリートな空間は、実はイメージほどには人々の人生のリアルに対して大きな役割を果たしていないのではないか」という感覚が、東日本大震災の経験を境に私の中で確信に変わった。そしてコロナショックでこの確信は世界的普遍性を持つこともわかった。

地域での成功が世界のロールモデルになる時代が来る

米国はデジタル革命の勝者ということになっているが、現在、国内的な深い分断に苦しんでいる。グローバル革命の勝者とされていたEU諸国や英国も同様だ。この30年間の勝利の方程式に日本経済、日本企業は残念ながらうまく乗れなかった。しかしその方程式はすでに壁にぶつかっている。

米国の時価総額トップ10企業を新旧比較すると、30年前は米国のトップ企業は製造業大組織型で、米国内に多くの中産階級雇用を生むタイプの会社ばかりだったことがわかる。しかし今のトップ10はほとんどがデジタル系、ハイテク系あるいは高度金融系であり、正社員雇用数は桁違いに少なく、そのほとんどはグローバルクラスの超高学歴な人材ばかり。

周回遅れになった私たちが目指すべきは、向いていないレースで先頭を追いかけるよりも、新しく始まろうとしているレース、ローカルな地域密着産業群、エッセンシャルワーカーが働く産業領域、中堅・中小企業が主役の経済圏で、CX（コーポレートトランスフォーメーション)、DX(デジタルトランスフォーメーション)を実現して、破壊的イノベーションの果実をそこで生きる人々に行き渡らせ、社会の持続性を取り戻すことだと思う。

折りしもコロナショックはニューヨーク、ロンドン、サンフランシスコなどグローバル大都市集積型、エネルギー大量消費型の成長モデルへも大きなアンチテーゼを提示している。そう、さまざまな意味で、人類は新しいレースにシフトすることを求められているのだ。2020年末に『ジャパン・アズ・ナンバーワン』の著者であるエズラ・ヴォーゲル教授が逝去されたが、この新しいレースこそが世界が抱える問題に日本発のソリューションを提示する、新しい時代の「ジャパン・アズ・ナンバーワン」への王道でもあると確信している。

これからリーダーを目指す世代は、地域に根差した卓越した仕事をすることで、日本全体、さらには世界に重要なロールモデルを提示する、大げさにいえば新しい歴史を創る道筋があることに気づいてほしい。

日本共創プラットフォーム(JPiX)始動!

当方、有言実行、挫折してもそれは天祐と考えているので、２０２０年12月24日のクリスマスイブの日、新しい歴史を創る挑戦を始めた。民間主導でローカル経済圏の活性化、持続的な地方創生をけん引すべく、地域企業、地域経済への投資・経営会社である㈱日本共創プラットフォーム（ＪＰｉＸ）を本格始動させたのだ。

ＪＰｉＸは、ＫＤＤＩやゆうちょ銀行、地域金融機関など、志を同じくする皆さんと経営共創基盤とでいわば企業コンソーシアムを結成し、時限的制約のあるファンドではなく、恒久的に投資対象、経営対象にコミットできる株式会社という形で、地域の中堅・中小企業のＣＸ、ＤＸのロールモデルを積み上げていくことを目的としている。

もともと私たちは本業で多くのローカル型企業の再生や経営改革をハンズオンで支援する仕事をしてきたし、グループ内の事業として、東日本ではバス、鉄道、モノレールなどの地域公共交通機関をみちのりグループへと発展させ、西日本では和歌山県の南紀白浜空港の民営化コンセッションによる地域活性化に取り組んできた。そうした実績を背景に、この構想は新型コロナウイルスのパンデミックが始まる前から考えていたことだが、期せずしてコロナショックで飲食・宿泊をはじめ、ローカル経済圏が大きな打撃を受ける中で本格的スタートを切ることになった。

加えて２０２１年は東日本大震災から10年の年となる。いろいろな意味でこのタイミングで始動することに運命的なものを感じている。

１９６０年生まれの私にとって、２０２０年は還暦を迎えた年で、９月末には経営共創基盤のＣＥＯも退いた。ＪＰ－ｉＸは、残りの職業人生でおそらくフルスイングできる最後の大仕事になると思っている。一見、地味だが、自分のキャリアの中で最も重大な意味を持つチャレンジになるだろう。

本書の読者の皆さんともＪＰ－ｉＸの舞台で一緒に仕事をできることを楽しみにしている。

４００万人リーダーへの道……大企業、大組織でサラリーマンをやってる場合じゃない

企業再生は、「人を辞めさせる」ことが仕事だと思われがちだ。だが、今の時代、実際には人を辞めさせるようなことはほとんどなく、むしろ人手不足で困ることのほうが多い。コロナ禍で一瞬、失業問題が叫ばれているが、その中でもネット通販の急増で運輸関係の人手不足は深刻だし、医療・介護の人手不足は周知の通りである。加えて産業構造がよりサービス産業へシフトする中で、むしろ現場型の仕事、スペシャリスト型の仕事における労働力需要は増えていく。ＡＩが発達しても、現場寄りな仕事、フィジカルでリアルな仕事ほど置き換わらない。

もとより少子高齢化で生産年齢人口が先行的に減少しているこの国で、しかもコロナ収束後にそう簡単に海外からの労働力流入が戻らないとすると、コロナ収束後にもっと深刻な現場人材の人手不足が起きることは必定である。

その意味で、正確には「中間管理職層は余っているが、現場の人が足りない」のが日本の経済社会の実態である。そうでなくとも現場のプロ、例えば生産技術や生産管理のプロは、以前から新興国や新興企業からも引く手あまただ。日本の現場は今でも一流だから当然である。

この一流の力を必ずしも活かしてこれなかったのも、やはりリーダー人材が現代的な意味で劣化してきたこと、古い時代のリーダーモデルが通用しなくなったことが大きい。

その「リーダー」の席について、これから「中間管理職」の指定席は減るが、日本の企業数は実に400万社あるといわれ、その数だけトップリーダーの席は存在する。そして、400万社のほとんどがローカル経済圏で頑張っている中堅・中小企業である。

最近、企業数が多すぎることが問題だといわれているが、中堅・中小企業が活動している事業領域は、いわゆる規模の経済性が限定的にしか効かない分散型のビジネスであり、それはDXが入ってきても本質的には変わらない。だから400万社が数十社になるなんってことは絶対に起きない。仮に半分になっても200万社という膨大な数だ。どう考えても人材不足に決まっている。

大企業、大組織の中間管理職の延長にもはやリーダーへの道はないとすれば、そこでいつまでも漫然とサラリーマン稼業をやっている場合じゃない。成り行きでリーダーになれる時代ではない以上、自ら狭くて厳しい道を進んで行かなくてはならない。でも、その道はすべての人にたくさん開かれている。ベンチャー企業という名前の中小企業を含め、400万のリーダーポジションを目指して自らを磨くべきときなのだ。そこには挫折機会がてんこ盛り、したがってリーダーとしての成長機会もてんこ盛りだ。

もちろん大企業、大組織の中にいても、仮に中間管理職の役職でも、後述するようにリーダーとして考え行動する方法はいくらでもあるので、そこで挑戦し挫折し成長するのもありありだ。しかし、その空間のヒエラルキーの中で古いルールで生きてきた古い上司に気に入られて「出世」を目指すことはやめたほうがいい。大企業トップを目指すにしても、これからの時代、その先に決してゴールはない。

私はオムロン、東京電力、パナソニックなどで指名委員会委員をガチでやってきたが、少なくともそういう優等生サラリーマンタイプを次期トップに選ばない。それどころか将来のトップ候補プールにも入れない。

400万のポジションを目指し、私はぜひ、多くの人に「リーダー稼業」を目指してもらいたいと思っている。

過去30年間、古い仕組みにしがみつきながら閉塞感の中でじわじわと衰退してきた日本経済と日本企業。日本的経営の看板だった「(自社の既存)雇用を守る」という名の正社員既得権システムを守るため、実際は「就職氷河期」世代や多数の非正規雇用を生み出してきた現実。

私は、コロナショックを機に、産業分野、企業の大小、新旧を問わず、多くの卓越したリーダーが現れ、停滞の根源にある耐用期限が過ぎた画一的な仕組みを破壊することで、より多くの人々がこの国で愉快に生きられる選択肢を増やしてくれることを期待している。現代は、社会のいろいろなところでリーダーを担おうと考えている人々にとって、とてつもなく面白く、やりがいのある時代なのだ。

本書はそんな「リーダーを目指す人」に向けて書かれたものである。

「優等生リーダー」が日本を壊す
――「いい人」ほど多くの人を不幸にする

「いい人」ほど、多くの人を不幸に追い込む

事業再生の現場、あるいはその正反対に見えるベンチャーの事業創造の現場に何度も立ちあって、いずれの場合もつくづく思うことがある。倒産や起業における失敗を余儀なくされた会社のリーダーの多くは、皆人間的に「いい人」である、ということだ。

変化の時代に対応するためには、つまり「野球からサッカー」に種目を変えるにあたっては、ドラスティックな改革、痛みと反発を伴う戦略的ピボット（方向転換）、会社の大改造（コーポレートトランスフォーメーション）が必要になる。今までとは180度違う仕事への配置転換を行ったり、事業そのものを閉鎖、あるいは他社へ売却するようなケースも出てくるだろう。そして、その決断はリーダーの役目になる。

当然、誰かしらの恨みを買うことになる。だが、「いい人」のリーダーには、会社全体

の未来のためには、創業の同志、社員、ＯＢからの憎悪を一身に受けても構わないという覚悟がない。だから、情に流されて決断のタイミングを逃す。その結果、倒産に至り、より多くの人の人生を壊すはめになるのである。

人間的にいい人で、かつ覚悟がない人は、恵まれたサラリーマン人生を送ってきた人に多い。若いうちに覚悟を試される場がなく、覚悟を決めて事に臨むことの怖さ、大変さを知らなかった。いや、失敗を恐れて挑戦を避けてきたからこそ、今まで恵まれたサラリーマン人生を送ってこられたのかもしれない。

こういうタイプの人は、ピンチに弱い。うまくいかないこと、あるいは自分の立場やメンツが潰れるような状況をしたたかに生き抜くこともへたくそ。結果、世の平均値から見れば、まだ十分に幸福で資力もあるのに、すねてひがんで他人のせいにして、自ら人生をつまらないものにしていく。

自分を抑制する「優等生」の脆弱さ

こうした人物は、いわゆる「元優等生」が多い。私はこの「優等生リーダー」の問題こそが、日本が長年変わることができなかった大きな要因だと考えている。

日本のリーダーのほとんどは、学校で優秀な成績を収め、一流の大学を出た「優等生」だ。優等生＝挫折を知らない人、といっていいだろう。小学校から中学、高校までよくできる子として過ごし、名門大学へ進学。そして、迷うことなく一流企業に進み、確実に昇進を重ねてきたような人たちだ。

私も途中までそういう類型の人間だったからよくわかるのだが、彼らには意外な脆《もろ》さがある。それは、「間違いを恐れる」こと、そして「嫌われたくない」という思いが年を追うごとに高まっていくということだ。

優等生というのは、自分より強い立場にいる人の心を読むことに長けている人が多い。なぜなら、学生時代に求められる勉強とは、あらかじめ正解が用意されている問題を解くことであり、それはすなわち、出題者の意図に沿った解答をいかに見つけだすかということだからだ。最近は推薦入試も増えているが、内申書を良くするのも、結局、いかに先生のお気に入りになるかが勝負。内申書をつける側が期待する「正解」を理解し、それに合わせる能力が問われる。

逆にいえば、答えが出題者の意図に沿わなければバツになる。つまり、自分の持っている発想やエゴを殺さないと、出題者の求める正解にたどり着けないのだ。

その典型が国語の試験だろう。文章の一部に線を引き、「ここで作者は何をいいたかったのか」などと問う。本来なら答えは、千人いれば千通りあっておかしくない。出題者の考えが、作者の意図と違うことすら十分あり得る。それでも出題者の意図を汲んだ答え方をした人だけが、正解となる。

頭の回転が速いことはもちろんだが、同時に出題者に合わせる能力に長けていることが大事である。大学受験のコツとしてよく「出題者の意図を読め」などといわれるのも、このような能力を指す。

極論すれば、発想力や創造力に劣る人のほうが点を取りやすい。出題者以上に深読みしたり、独創的な考えをする人ほど点数が低くなる。

さて、このようにして「相手の意図を読む」ことばかりしてきた人たちが、リーダーシップを発揮する立場になるとどうなるか。もう自分には先生や上司はいないから、今度は、その組織全体の空気を読むことに必死になる。

日本の組織の空気というやつは、おおむね軋轢《あつれき》や紛争を嫌う。だから抵抗勢力と一戦交えようとしても、ついつい空気を乱さないよう、相手の意図を汲み取って丸く収めようとしてしまう。反対を恐れてやるべきことに手がつけられない。あるいは、あらゆる人の意見を反映させようとして、結果的にどっちつかずの改革案しか提示できない……。

優等生がなぜ、改革の際に役に立たないか、おわかりいただけるだろう。

「全教科が優」の人間が抱える大きな問題

優等生の話を、もう少し続けたい。

日本の優等生の特色は、試験でまんべんなく高得点を取るところにもある。100点中、全科目で70～80点を取れることが大事で、1科目だけが100点でも、残りの科目が平均レベルでは優等生になれない。すべての科目に通じた優等生といえば格好いいかもしれないが、これまた自己抑制の産物である。現実には、すべての教科がまんべんなく好きという人は、まずいない。嫌いな教科も我慢して勉強しなければ、平均点は上がらない。つまり好き嫌いを抑制する能力も、優等生の条件なのだ。

私が入った東京大学でも、大半の教科で「優」を取る学生がいた。これが私には不思議だった。卒業までに履修すべき科目が20あったとして、私にとっては、興味が持てる科目は3分の1程度であった。残り3分の2は社会に出ても役に立たず、さらに、東大の教授がなぜこんなことを教えているのかと不思議に思う科目も、確実に3割はあった。

私に限らず、多くの学生の意識もこのようなものだったろう。だが、そんな興味のない科目でも、きちんと勉強して「優」を取るのが優等生なのだ。「くだらない授業」「くだらない先生」に合わせて、「くだらない答え」を書いているのだ。

そう考えたとき、全部「優」の人は、決して「優秀な人」とはいえないことがわかるだろう。あらゆることをまんべんなく、ほどほどにこなせるというだけなのだ。そして自分の心に正直に「この学科はくだらない」と表明することよりも、すべての学科の先生にいい顔をすることを優先するタイプだということを意味している。

学ぶ姿勢としては、ある意味で謙虚さが必要であり、そういう姿は日本人的には美しいかもしれない。だが悪くいえば相手に合わせるために、自分を抑え込んでいる。これは答えのない問題を考えたり、あるいは問題設定さえ自分で行い、自分なりの答えを創造していく際には、マイナスに働くことが多い。

人生や企業経営における本当に大事で難しい問題には正解がない。だから最後は、自分自身の価値観、もっとわかりやすくいえば「好き嫌い」で判断するしかない。自分の頭で考え、自分の心で感じることが基本なのである。つまり、本当の意味での自分で考える能力は、日本的教育システムでは育成できないのだ。

「挫折」「修羅場」が強いリーダーを育てる
——誰もが失敗を避けられない時代に

安定した人生はもはや望めない

「優等生的リーダー」の殻を破るにはどうしたらいいのか。そのキーワードの一つが「挫折経験」「失敗経験」だと私は思っている。

優等生型リーダーは総じて「お勉強」頭が良く、一方で失敗を恐れる。そのため、あらかじめ成功しそうなことにしか挑戦しない。だから成功体験はあっても、挫折を知らない。成功しそうなことにしか挑戦しないから、ギリギリに追い詰められたときの緊張も知らない。追い詰められて泣きそうになっている自分を知らない。正解がいくつもあることを知らない。

簡単に手に入る成功体験を集めている限り、自分の人間としての枠は、実に小さいままだ。おまけにその枠から少しでも自分の人生がはみ出ると、絶望的な気分に陥る。

しかも、変化の激しい現在、何事もなく安定した人生を送るのは非常に難しい。仕事においてもプライベートにおいても、浮き沈みを経験するのは不可避だろう。そのたびに絶望を味わっていてはおよそ幸福になれないし、大体が神経過敏で機嫌が悪いので、一緒に暮らす家族や、仕事をしている仲間も不幸になる。

もちろんリーダーとしても、人間の幅が狭く、奥行きがないと判断され、人はついてこないだろう。

挫折から得られる大切なものとは?

これが、挑戦してきた人間なら、どうか。挑戦を繰り返せば繰り返すほど可能性が広がり、得られるものは多くなる。その過程で失敗や挫折を経験するのは当然である。挑戦者の特権のようなものだ。

挫折とは、ある意味、能力以上のことに挑戦した結果である。それが人としての伸びしろとなる。挫折すれば、反省し、学習もする。けなされ、叩かれ、厭味をいわれるし、人間同士のヒリヒリした場にも身を置くことになる。それは一時的には辛い経験であっても、長い目で見れば悪い経験ではない。むしろ、難所を切り抜ける貴重な経験になる。

挫折すること、中でも若いうちにできるだけ挫折体験を繰り返しておくことによるメリットを、いくつか挙げてみよう。

- ●打たれ強くなる（若いうちは心身ともに復元力が旺盛なので、打たれた部分がむしろ強くたくましくなる）
- ●過去をリセットできる（挫折して振り出しに戻ってみると、意外に過去の事柄にはどうでもいい話が多いことに気がつく）
- ●敗因を分析することで、次の戦いに活かすことができる
- ●何よりも挫折をしてみると自分という人間がよくわかる

逆にいえば、挫折経験を持たずに小さな成功ばかりを積み重ねた人は、「打たれ弱い」「過去にとらわれる」「戦いに弱い」「己を知らない」という弱点があるのだ。ふだんならその弱さは目立たないが、変化への対応や改革が必要なこの有事の時代において、致命的な弱点となる。

「非優等生」に有利な時代がやってきた

あなたがもしこれまで「優等生」として歩んできたのなら、自分がついつい相手の顔色ばかりをうかがう人間になっていないか、振り返ってみてもらいたい。変わるチャンスは今しかない。

もちろん、むやみに周囲と対立する必要はないが、もし自分が本気で「違う」と思うのなら、あくまで反対を貫くべきである。

そうすればもちろん対立が起こり、ときには打ち負かされることもあるだろう。それが大事なのだ。どういう状況なら事を荒だてても大丈夫か、あるいは場が荒れたときにどうすればそれを自分に有利に作用させられるか。こうした勝負勘、自分自身の得意不得意は、軋轢の修羅場、特に自分より強い立場の人たちや集団全体を敵にまわすような体験をして初めて身につくものだ。

そして、こうした体験を繰り返すうち、ちょっとやそっとの軋轢や衝突では、人間関係も自分の人生も壊れないことがわかる。むしろあっけらかんとガチンコでぶつかったほうが、後腐れが残らず、人生、愉快に生きていくための知恵が身につく。

自己抑制ばかりの人生からは、変革に必要な覚悟や発想力、創造力は育たない。そしてうじうじと陰口や愚痴ばかりいいながら、フラストレーションを自分の中に溜め込み続けながら老いていく、つまらない人生になっていく。そのつまらなさは、たとえ大企業の役員や役所の幹部に上り詰めても、何ら変わることはない。

そして、もともと優等生でない人はラッキーな時代がやってきたと思うべきだ。その挫折体験が、リーダーとして貴重な武器となる。そんな時代がやってきているのだ。

「いい人」から脱却し「マキャベリズム」を身につけよ
――抵抗勢力と戦う覚悟を

「全員に好かれるリーダー」は幻想に過ぎない

「優等生型リーダー」の殻を破り、「有事」に立ち向かえるリーダーになるためには、どうしたらいいのか。まず「いい人」から脱却する覚悟を持つこと。そして、目的のためには時に手段を選ばないという、いわゆる「マキャベリズム」を備えることだ。

改革期に、全員に対して「いい顔」をすることは到底不可能だ。新しいシステムのもとでは、必ずそのあおりを食う人たちが出てくる。その数は全体から見ると少ないかもしれないが、逆にいえば痛みは彼らに集中する。会社でいえば一部の部門や機能の閉鎖、年金の大幅減額といった具合である。

こういう状況で犠牲者を少なくするほとんど唯一の方法は、改革を少しでも早い段階で遂行すること。会社や組織が決定的に衰亡する前であれば、退出してもらわなければならない人々に、より多くの退職金や年金や、あるいは進路変更のための時間を与えられる。

しかし病の進行ステージが浅いほど、改革で不利をこうむる人々は激しく抵抗する。「まだそんな過酷な手段を選ぶ段階ではない」「今ならこういう方法で生き残れるはずだ」「今まで貢献してきたのにあんまりじゃないか」と。結局、タイミングが遅かろうが早かろうが、真の改革を遂行するには、少なくともその瞬間はかなり多くの人々から抵抗され、恨まれることは避けられないのだ。

「かつての成功者」が、最大の抵抗勢力となる

しかも、こうした痛みが集中するのは、長年組織に属してきた人や年金生活をしているOBであることが多い。彼らは得てして、今まで恵まれていた人たちである。既得権益を握り、社内外でも強い力を持っている。それだけに抵抗する力も強くなる。

そもそも、最後に反乱を起こすのは、たいていの場合、かつて勝者の側にいた人たちである。明治維新後の士族の反乱でいえば、革命を先導した薩摩藩士や長州藩士、佐賀藩士らが反乱の中心になり、戊辰戦争で負けた幕臣や会津藩士などは総じておとなしかった。勝者ほど、勝利の分け前に与れないことに激しく憤るからだ。そのため、激しい権力闘争

が避けられなくなる。

権力闘争とは、一種の戦争である。これに勝つには、権力に対するリアリズムを持っていなければならない。抵抗する相手を時に慰撫《いぶ》し、時に力で押さえつける。そんなマキャベリズム的な手法も求められる。

結局、戦争に勝つということは、相手を何らかの形で屈服させ、葬り去ることであり、それ自体はどちらかというと「悪徳」に属する行為だ。まともな人間性を持ち、正しい目的に邁進しようとしている人間にとって、たとえ手段とはいえ、悪徳に手を染めることは楽なことではない。しかし、それができなければリーダーは務まらない。

「屈辱」の中から生まれたマキャベリズム

マキャベリズムの語源となったのは、ルネサンスの時代を生きたニコロ・マキャベリである。マキャベリは当時、軍事的には弱小都市国家になりさがっていたフィレンツェの外交官だった。彼は、チェーザレ・ボルジアによって興隆していったローマや、強力な都市国家ミラノ、ヴェネチア相手に振りまわされる。その屈辱、苦悶から、彼は独自の政治哲学を生んだ。マキャベリは常に修羅場に立たされていた人物だ。

また、改革ではどれほどうまくことを運んでも、必ず誰かから恨みを買う。改革にかかわる人間、中でもリーダーにはそれを引き受ける覚悟も必要だ。明治政府の中心として改革を進めた大久保利通が、不満を持った旧士族階級に暗殺されたように、突然刃が向けられるような事態も覚悟しておかねばならない。

「組織のために、あなたには死んでもらいます」といえるかどうか、そこが有事のリーダーには問われる。相手が共同体の外にいるならまだやりやすいが、仲間を殺そうとするとき、人はどうしてもためらいが生まれる。いい人であったはずの自分像を放棄しなければならないし、友情も捨てなければならない。その人との昨日までの良き思い出をすべて放棄することは、自分を否定することにもつながりかねない。それだけの覚悟が必要になるのだ。

ダメな組織にいればいるほど、「権力」の本質が見えてくる

マキャベリズムの本質を身につけるにはどうしたらいいのか。そのためには「権力」というものの本質を知り、それを使いこなすだけの覚悟を持つ必要がある。詳しくは本書第5章にて詳しく述べていきたい。

ただ、マキャベリズムを身につけるにあたっても、失敗経験・修羅場経験は必須といえる。修羅場を何度も体験するうちに、人生にはそういうことはいつだって起こり得ること、そして、その際に人はどのように考え、どのように動くかがわかってくる。

だから弱小で、ボロボロで、内紛と権謀術数まみれの組織に身を置くこと、あるいはそういう状況で仕事をすることは、大変に恵まれた環境にいると思ったほうがいい。ダメな組織、ダメな上司や部下に囲まれて仕事をすることは確かに辛い。しかしそういうときは、結果が出なくても自責の念にさいなまれず、ある意味、気楽なシチュエーション、人生の高地トレーニングと思えばいい。愛すべき人間の本性を、ありのまま観察できる最高の学習機会である。

本書では、この「有事の時代」「修羅場の時代」において、リーダーに求められる覚悟と、その能力の身につけ方を説いていく。

第1章では「挫折力」と称して、挫折をバネにいかにして優等生型リーダーから脱却するかを説いていく。

だが、いくら挫折が人間を成長させてくれるとはいえ、それによって自分自身の心が折れてしまっては意味がない。そこで第2章ではストレス耐性を高めて折れない心を作るための方法、いわゆる「レジリエンス」についてお話ししていきたい。

第3章では、修羅場の中でも最もヘビーな「人間関係の泥沼」をどのように渡り切るかについて、自身の体験も踏まえつつお話ししたい。

第4章では、多くの人が苦手としている「捨てる」技術についてお話ししたい。意思決定とは「何かを選び、何かを捨てる」ことであるからだ。

そして最終章になる第5章では、「権力」の使い方について述べていきたい。いわゆる「マキャベリズム」である。

COLUMN

強いリーダーを否定する愚

大変革の時代には、強いリーダーが求められる

昨今、世界中でいわゆる「強いリーダー」への待望論が強い。ロシアのウラジーミル・プーチン、中国の習近平、イギリスのボリス・ジョンソンなどがその例であり、選挙には負けたが、アメリカのドナルド・トランプ前大統領はまさにそのシンボルのような存在だろう。

これはまさに、現在が「有事」であることの証明だ。「100年に一度の危機」が頻繁に発生し、破壊的イノベーションがあらゆる業界にて起こり、産業構造も社会構造も急激に変化する時代は、いわば社会的戦時とすらいえる。不安定あるいは不確実な時代に、人は強いリーダーを求めるのだ。

産業革命以降の世界の歴史を見ればわかる。工業化が急速に進んだことでどの国も状況が不安定となり、強いリーダーを求めるようになっていった。一方、合議で決めていくような意思決定システムが通用しなくなっていく。世界で最も民主的といわれたワイ

マール共和国が崩壊し、後にヒトラー政権が誕生したのが、その象徴的な例だろう。

デジタル革命の勝因は「強いリーダー」にあり

このような事例を挙げると、強いリーダーの出現に対して警戒心を持つ人も多いだろう。トップダウン型のリーダーシップについて「独断専行」「独裁者」などというレッテルを貼るのだ。そうでなくても、日本人にはいわゆる「強いリーダー」への警戒感が強いように感じられる。

もちろん、トップが腐敗や暴走をしないための仕組みを作っておくことは重要だ。だからこそ私は企業統治システムの制度改革と、自らも社外取締役としての実践に多くのエネルギーを使ってきた。しかし、だからといって「トップダウン型のリーダーシップ」を否定するべきではない。強いリーダーシップを作り、ダメだったらクビにする仕組みこそがガバナンスの本質的な役割なのである。

事実、現在うまくいっている国や企業の大半はトップダウン型だ。

例えば昨今、発展目覚ましい中国企業はまさに「トップダウン」だ。アリババグループのジャック・マーやテンセントの馬化騰など、名だたる経営者たちはもちろんトップダウンだが、中国という国自体が良くも悪くも共産党という強力な一党独裁体制によって支配されているトップダウン型の国である。このことが、少なくとも中国のデジタル化においてはうまく働いた。個人の権利意識の強い国では、個人情報などの問題もあり、通信やネットワークの拡大が一気に進みにくい。一方、中国は国家主導でデジタル化を進めたため、短時間での変革が可能になったのだ。

もっとも、中国が「ボトムアップ型リーダーのワナ」に陥らずに済んだのは、ひとえにタイミングの問題だったかもしれない。元々は中国も日本型の大量生産・大量消費型の製造業のモデルを追いかけてきたからだ。

1978年の日中平和友好条約締結に際し、鄧小平が来日して日本企業に協力を仰ぎ、それに応えてパナソニックやオムロンといった企業が中国に工場を建設することで、日本型の生産モデルが彼の地にも広がっていった。

もし、そのまま進んでいたら、中国の経済モデル、企業モデルも日本型の改善・改良型、ボトムアップ型の組織が圧倒的になっていたかもしれない。しかしそうなる前に、1990年代からいわゆる「ITデジタル革命」が始まった。

どちらかというと家族的個人主義の文化が強い中国の人々にとっては、デジタル型産業の世界は相性が良かったようだ。デジタルの世界はソフトオリエンテッド、それも高次元のアーキテクチャデザイン力で勝負する世界だ。そこで成功するには、自己主張が強く、全部自分で決めるタイプのほうが合う。みんなで話し合ったり場の空気を読んだりしても、いいプログラムは書けない。

政治的には正反対に見えても、経済的にはいろいろな意味で中国とアメリカは似ている。だからこそアメリカ発のデジタル革命にうまく乗ることができたのだろう(近いからこそ、米中対立が起きているともいえるが)。加えて、人口の多さもネットワークの世界では有利に働いた。これが、中国が日本以上にデジタル革命の波に乗ることができた理由だろう。

ただ、これから先、日本の持っているユニークネス、米中といろいろな意味で比較優位、絶対優位が異なることを、むしろしたたかに活用するリーダーシップが、国家、企業、個人のレベルで問われるように思う。情報装置産業化した「外コン」や中途半端な「国際派」にありがちな「米国では」「中国では」とひたすらキャッチアップを指向する「出羽守《ではのかみ》」な発想にも、頑迷固陋《がんめいころう》な日本的経営礼賛論にも、私たちの未来を拓く答えはない。真の創造性こそが求められているのだ。

日本も戦後は「ワンマン社長の時代」だった

中国に限らず、台湾の鴻海《ホンハイ》、韓国のサムスンも典型的なトップダウン企業だ。さらにいえば、日本でもこの停滞期に成長を続けたソフトバンク、ファーストリテイリング、日本電産やオリックスなどもまた、トップダウン企業だ。

そもそも、日本も戦後の復興期には、松下幸之助や盛田昭夫、本田宗一郎など、数々のトップダウン型リーダーが活躍した。明治に遡れば、三菱を始めとする財閥も、日立や川崎重工も創業世代のワンマン経営で発展した。そうした創業者世代が引退後、サラリーマン型経営、ボトムアップ型経営になってきただけの話である。

日本人の多くやメディアは「トップがワンマンの会社は腐敗する」みたいにいうことが多いが、そういう声に惑わされてはならない。機能しているならワンマンのトップが20年やろうが30年やろうが構わない。

ただ、人間だから命は有限だし、途中でダメになる人も少なくない。だから取締役会が責任をもってトップの任免権の行使と後継者計画を担う仕組みを整えることさえ怠らなければ、くだらない声に耳を貸す必要はない。その意味で「ヤキが回ったトップのクビを切るガバナンス体制が脆弱だ」という声には、トップ自身も真摯に耳を傾けたほうがいいだろう。

とにかくリーダーを志す人にはぜひ、強いリーダー、顔の見えるリーダーを志してほしいと思う。

第 1 章

リーダーは「挫折力」を手に入れよ

エリートコースからの離脱が新しい人生を拓いてくれた
——青年よ、荒野を目指せ

「挫折力」とは一体何か

本書のテーマである「挫折力」とは私の造語であり、聞きなれない言葉であるが、簡単にいえば「挫折を愛し、乗り越え、活かしていく力」というくらいに解釈していただければと思う。

挫折から立ち直る方法、という現状復帰のための方法論ではない。むしろいいたいのは、「挫折をしない人生ほど窮屈でつまらないものはない」「挫折をした人だけが、実り多い豊かな人生を送れる」ということであり、「積極的に挫折を体験し、それを乗り越えることで、これからの時代に通用する力が身につく」という前向きな方法論である。

私がこの言葉を初めて使ったのは、本書の前身となる書籍（『挫折力』）を発刊した2011年のことだ。

それから10年経った現在も、この「挫折力」の重要性はまったく変わっていない。変化の激しい時代というのは「挫折」が不可避の時代でもある。挫折力の重要性は、むしろ高まっているといえるだろう。

ターニングポイントとなった「司法試験の失敗」

「挫折こそが人を成長させる」こう私がいい切るのには、理由がある。かくいう私自身にとって「挫折」こそが人生を切り開く大きな転機になってくれたからだ。

私の経歴を表面だけご覧になった方は、いかにもエリートコースを歩んできたように思われるかもしれない。実際、大学卒業時点の私は、東大卒業と司法試験合格の二つの肩書きを持っていたのだから、ここまでは世にいう「エリートコース」を驀進《ばくしん》していたといえるだろう。

私にとって大きなターニングポイントになったのは、「2回目の司法試験の失敗」だった。

1983年、23歳の頃、人生の中であれほど勉強したことはなかったというくらいの猛勉強をし、2回目の司法試験に臨んだ。しかし、結果は不合格。真剣に「法律学」の勉強に取り組んでいただけに、大きな衝撃を受けた。

そして、あと1回だけと決めた3回目の司法試験に対しては、ひたすら「試験対策」に徹することにした結果、合格した。

しかし、3回目はある意味、試験に受かること自体を自己目的化した「意地」で頑張っていた感じだった。真面目に「法律学」の勉強に取り組んだ2回目の受験に失敗した時点から、法律家になることへの意欲自体は薄れ始めていた。

「外資系コンサルティング」との出会い

もともと、あとで述べる祖父母や父親のたどった浮き沈みの人生を間近で眺め、それまでのエリートコースに乗ったまま一流企業や官庁のサラリーマンになるのが何となく嫌だった。それで大学4年の7月に、3回目の司法試験の論文試験が終わったあとは、真剣に就職活動を始めていた。

就職活動をいざ始めてみると、それまで学生として狭い世界しか知らないことに気づいた。世の中には、いろいろと面白い世界があることを知ったのである。8月に当時の東大生に最も人気があった某一流企業から内内定をもらったが、就職は決めず、やや不遜な言い方だがその超一流企業を滑り止めにして、他に面白い会社がないか探した。

ここで知ったのが、投資銀行と外資系コンサルティング会社、今風にいえば「外コン」業界の存在だった。このうち投資銀行では、アメリカのソロモン・ブラザーズが新卒採用をしていた。しかし、いわゆる金融マーケットには当時あまり興味を引かれなかったのと、M&A業務であればもっと経験を積んでから飛び込んだほうがよいと考え、就職活動の対象としては見送ることにした。

一方、コンサルティング会社では、BCG(ボストン・コンサルティング・グループ)とマッキンゼー・アンド・カンパニーが新卒採用をしていた。このうちBCGから内定をもらうことができ、入社を決めた。

そのあとの11月、皮肉なもので司法試験に合格。しかし私の思いはもう、コンサルティングという未知なるもの、ビジネスという社会のより実体的なるものの魅力に、完全にとりつかれていた。普通は司法試験に受かれば、法曹資格を得るためそのまま司法修習生になるのだが、そのチャンスを捨ててBCGに入社したのである。

振り返ってみると、どうやら2回目の司法試験に「挫折」したところから、私の人生は大きくコースを変え始めていたようである。

複雑な社内事情に翻弄され、わずか1年で転職

コンサルティングは、今でこそ華やかな業界に思われているかもしれないが、当時は違った。まだまだ、得体の知れないものと思われているフシがあった。そのため、私もまわりからずいぶんと奇異な目で見られたものだが、私自身は自分の選択に直感的な自信があった。期待に胸をふくらませてBCGに入社したことを覚えている。

ところが新入社員の私を待ち受けていたのは、新人にはどうしようもない複雑な社内事情であった。詳細は省くが、当時のBCG東京支社は、わずか30名強の「中小企業」に過ぎなかったのだが、中はまさに「群雄割拠」とでもいうべき状況が繰り広げられていたのだ。

そして私は入社1年目にして、BCGを辞め独立した吉越亘氏についていくような形で、新会社コーポレイトディレクション（CDI）に移ることになった。自らそれを構想し、強く望んだわけではなく、私が最初に配属されたのがたまたま吉越氏側のチームだった、そういう偶然が大きく作用した人生最初の転職である。

こうして希望にあふれて入社したBCGを、わずか1年で去ることになってしまった。

新卒で国際的な戦略系コンサルティング会社に就職するというのは、アメリカでは「エリートコース」である。だから私は日米両方のエリートコースからドロップアウトすることになったのだ。それも今よりはるかに世の中が安定していた30年前の話である。傍目《はため》にはどう考えても順風満帆とはいえない社会人歴のスタートであった。

しかしこの「挫折」もまた、私にとっては大きな糧になった。

何より、「会社を立ち上げる」という得がたい経験を社会人1年目にしてすることができた。もちろん苦労もあったし、まさに寝食を忘れて働く忙しさだったが、ちょうどバブル期だったこともあり会社は順調に伸び、ゼロから始めた企業が発展していく面白さも知ることができた。また、当時のBCGの状況、そして何もないところから会社を立ち上げる混沌状態を、意外にも楽しんでいる自分も発見できた。

私にとってこの体験はまさに、今後につながる非常に得がたい機会であった。後に産業再生機構のCOOを引き受けてゼロから組織を立ち上げ、かつその業務において倒産した企業を立て直すにあたり、この生々しい「実業」的な経験はかなり役立った。

両手に抱え込んだものを捨て、荒野に出よう。手痛い失敗と、本当の学びと、自由な両手でつかみとれる新しい人生が待っている。

明治維新という大改革の原動力も「挫折」だった
――西郷、桂、大久保の強さの理由

幕末の大騒乱はむしろ「平時」に過ぎなかった!?

ここでちょっと私の体験から離れて、歴史の話をしてみたい。

「挫折」が強い力となった典型的なモデルケースは、明治維新だろう。

明治維新以前、江戸時代にあって、特権階級を形成し既得権益を享受してきたのは武士であった。江戸時代は世界史的にもまれな平和な時代であったが、彼らはその時代に武器および武術を独占していた。士族とは、暴力と富を独占していた階級といえる。

もっとも、その権力行使が穏やかだったから、江戸時代は長く続いた。もっとひどい搾取が行われていたら、より早い時期に革命が起きていただろう。しかし士農工商の階級制度と幕藩封建体制の制度疲労を巧みにごまかしながら、日本には300年近い平和が続くことになる。ところが幕末に外圧が加わることで社会的矛盾が一気に噴出し、これが攘夷運動から倒幕運動へとつながっていったのだ。

倒幕運動は、多くの参加者（その大半が士族自身）にとって単純な作業であった。徳川の天下を倒して自らが取って代わることを目指し、戊辰戦争を戦っている限りは、一つの流れに身を任せればいいからだ。倒幕派の士族たちは、薩摩藩のリーダーである西郷隆盛や大久保利通、長州藩のリーダーである桂小五郎らに従っていればよかった。彼らの利害、インセンティヴは幕府を倒すという一点ですべて一致しており、ある意味単純なリーダーシップで事足りたのである。

幕府さえ倒せば幕府の既得権益を奪うことができ、薩摩も長州も、その藩士の多くが幕閣や大名に取りたてられて幸せになれると思っていた。「有事」というと戦争などを思い浮かべがちだが、この段階では社会的には「平時」の権力闘争に過ぎない。

真の革命は「幕府崩壊後」に起こった

むしろ真に「有事」であったのは、幕府崩壊後である。

まず明治新政府が行ったのは、「士族階級の解体」である。これは、従来のシステムの大幅なモデルチェンジだった。明治2年に版籍奉還を実行、全国の藩主の土地と人民とを朝廷に返還させ、明治4年には廃藩置県で全国の藩を廃し、府県を置いた。さらに明治9年の秩禄処分により華族・士族への秩禄支給を廃し、同じ年、廃刀令で士族の帯刀も禁じた。これで士族階級は完全に解体された。

明治維新は倒幕までは革命とはいえず、同じ士族階級同士の権力闘争に過ぎない。新撰組のように農民から武士になろうとする者もいたが、本来的には農民や他の階級は、無関係であった。むしろ新政府樹立から10年足らずの間に行われた、「四民平等」に伴う一連の施策のほうが、よほど革命的だったのだ。

その結果、かつての最大の既得権益者であり、明治維新の勝者であった士族階級は、一気に最大の抵抗勢力となることになった。明治政府に対する抵抗が、明治10年の西南戦争を頂点とする士族の反乱である。士族の反乱をすべて平らげることによって、初めて明治国家は、江戸時代のシステムから別れることができたのだ。

西郷、桂、大久保……誰もが「大挫折」を経験していた

なぜ、自らも武士である彼らにそんなことができたのか。それは、明治政府に集まった者たちのハンパではない挫折体験にあると、私は考えている。

ご存じの通り、革命の主人公たちは皆、順風満帆なままに革命を成功させたわけではない。彼らの多くは、幕府や他藩との抗争や自藩の内紛に翻弄され、何度も失脚し、あるいは殺されそうになっている。

長州藩は第一次長州征伐において幕府に敗れ、重臣たちが切腹させられるなど国存亡の危機に陥っている。維新の元勲である桂小五郎が暗殺を恐れ、あちこちに身を隠して逃げまわったのは有名な話だ。

また、島津斉彬の下で活躍していた西郷隆盛は、斉彬の死後、藩から疎んじられ島流しの憂き目にあっている。将来に絶望し自殺をはかるが、一緒に自殺をはかった僧月照だけが死に、西郷は九死に一生を得ている。すさまじいまでの挫折体験である。

「維新の三傑」のもう一人である大久保利通は、薩摩藩の中でも下級武士の出であった。彼も若い時代に藩主の逆鱗に触れて謹慎させられている。その後、卓越した能力を認められて一気に出世していったのだが、階級意識の強い江戸時代、その苦労は並大抵ではなかっただろう。

長州藩も薩摩藩も、内部では倒幕派と佐幕派との、そして攘夷派と開国派との深刻な対立があった。寺田屋事件など身内同士の刃傷沙汰も後を絶たなかったのだ。

とどめは、英国との戦争。当時の社会改革運動の大きな思想基盤はやはり攘夷である。

雄藩であった両藩では、いずれも攘夷思想が活発で、それが英国をはじめとした欧米列強との軍事衝突を招くことになる。結果、下関戦争、薩英戦争において、それぞれ物理的な力で思想的な大挫折を経験することとなった。これが両藩の指導者たちが、倒幕と開国近代化による独立維持という、現実的な路線を指向する大きな転換点となる。「負けるが勝ち」である。

明治まで生き残った薩摩、長州の武士らは、このような壮絶な体験を何度も繰り返してきたのだ。その挫折の悲哀や屈辱から彼らは学び、力を得ていったのである。だから、新しい国家のために何かを切り捨てなければならないとき、非情に徹することができた。

これまで同志として戦ってきた者を裏切り、切り捨てる。あとで述べる士族の反乱を押さえ込めたのも、彼らに生半可な人情をはるかに超えた強靭な闘争能力があったからなのだ。数え切れない挫折、裏切り裏切られによって、いざというときには権力的リアリズムの権化となる狂気を身につけていたのだろう。

このパターンは、松下幸之助を始めとする日本の大経営者たちも、さらには劉邦、カエサル、ワシントン、毛沢東、レーニン、チャーチルと、世界史を飾る有名人たちも同じ。彼らの若い時代は、ほとんど敗北につぐ敗北、命拾いにつぐ命拾い。挫折の繰り返しが、彼らをして後年、現実の改革や大事業を成し遂げる闘争能力を培ったのである。

企業も「挫折」によって強くなる
――アップル、ノキア、ソニーはいかにして復活したか

スティーブ・ジョブズの「挫折力」

世界の時価総額ランキングにおいて、ここ数年トップクラスの地位を保ち続けているのが、米アップル社だ。カリスマ創業者であるスティーブ・ジョブズが２０１１年に死去したのち、先行きを不安視されたが、後継者であるティム・クックが見事に同社を率い、世界トップの地位を保ち続けている。

私はこのアップルの力も「挫折」があったからこそ培われたものだと考えている。

１９７６年にジョブズとウォズニアックによって創業されたアップルは、ＡｐｐｌｅⅡやマッキントッシュなどの名機を輩出することで時代の寵児となる。しかし、絶対的な独裁者として敵を作ることも多かったジョブズは、１９８５年に自ら創業したアップルから追放されることになる。

しかし、ジョブズを欠いたアップルは迷走し、その十数年後にジョブズはアップルに返り咲くことになる。その後の活躍はご存じの通り。復帰したジョブズは、iPodそしてiPhoneを立て続けに成功させ、アップルを世界トップの座に引き上げた。

さて、多くの人はアップルについて「クリエイティブな企業」というイメージを持っているだろう。それは決して間違いではない。しかし、かつてのアップルの凋落は、クリエイティブに走りすぎたことにあった。

自分の会社を追放され、アップルを外からの視点で見る機会を得たジョブズは、そのことを痛いほど理解していたのであろう。だからこそアップル復帰後は、現CEOのティム・クックを重用した。クックという人物はオペレーション方面に極めて優れた能力を持つ、いわばジョブズとは正反対の人物だ。だからこそジョブズは車の両輪として彼のような人物が必要だと考え、自らの後継者に据えたのだろう。実際、ジョブズの流れをくむクリエイティブな人材と、クックのようなオペレーショナルな人材がいるからこそアップルは「両利き経営」力のある企業へと進化し、今の発展と持続的成功がある。

ジョブズは有名なスタンフォード大学での講演で、「アップルを追放されたことは、人生最良の出来事であった」と述べている。ジョブズはまさに「挫折力」の体現者である。

地獄を見たノキアはいかにしてよみがえったのか

一方、アップルの勃興によって大きな挫折を経験した世界的企業がある。フィンランドのノキアだ。

1990年代から2000年代初頭まで、世界一の携帯電話メーカーの座を保ち続けていたノキアだが、スマホへの乗り換えに遅れたことで一転、経営危機に陥ることになった。ジョブズがiOSという、個々の携帯電話通信会社のスペックに縛られない普遍的なソフトウェアサービスプラットフォームの下に、「スマートフォン」というハードをぶら下げるという新しいビジネスモデル、新種目を作ってしまったことによる「ゲームチェンジ」についていくことができなかったのだ。

ノキアはここでまさに「聖域なき大改革」に踏み切った。看板であった携帯電話事業を2013年にマイクロソフトへ売却したことからも、その覚悟のほどがわかるだろう。そして通信インフラの企業に変身し、見事に復活することとなる。

もしノキアが携帯電話事業の失敗を認めず、その延命、改善改良にこだわり続けていたらどうなっていただろうか。通信インフラ企業への変容は遅々として進まず、いまだ苦境にあえいでいたかもしれない。急激なスマホ市場の立ち上げとそれによる大打撃があったからこそ、シラスマ会長の卓越したリーダーシップのもとで大きく変容することができた好例である。

新陳代謝力こそが成長力、持続力の源泉となる時代

さて、これら二つの例からわかることは、「企業もまた、挫折力が問われる」ということだ。挫折を糧にし、変革のチャンスにすることで、企業はより強靭になる。

しかも、どれほどの大企業であっても、ある日突然「ゲームチェンジ」に巻き込まれる可能性があることは、ノキアの例からも明らかだ。家電メーカーの主力商品が、ラジオからテレビになり、パソコンになる、といったことではなく、まさに「野球からサッカーに」種目が変更になるほどの変革を迫られる。

こうなると、改良や改善で対応するのは極めて難しい。これまで評価されてきた人材が、一転してまったく使えなくなるということも起こり得る。優秀な野球選手ほど野球の癖が残っていて、サッカーに対応できないようなものだ。

特に、ある程度以上の年齢の社員にとって、こうしたゲームチェンジについていくのは

困難だ。野球チームを野球をやりたいと思っている会社に売り払い、むしろゼロベースでサッカーを始めるほうがいい可能性もある。そのくらいドラスティックな改革が必要となるのだ。

ちなみにノキアはこの変革を鮮やかに行ったわけだが、これはフィンランドの社会システムがあってこそのことだといえるだろう。フィンランドを始めとした北欧の国は福祉で知られているが、一方で、法的な要件をクリアすれば、個々の企業は比較的人を解雇しやすい仕組みにもなっている。その代わりに失業者の生活や再就職、再教育の場などは国が責任をもって支援する。また、ジョブ型の社会でもあるため、転職等もしやすい。だから、企業は大規模なリストラや事業の入れ替えによって構造改革を進めやすい。

日本は北欧と比べ、そう簡単に人を解雇することができない。日本では国ではなく会社が個人を助けるというモデルだからだ。これは、事業モデルが変わらない時代にはいいが、今みたいに事業モデルがコロコロ変わる時代には有効性を失っているといわざるを得ない。

破壊的イノベーションの時代においては、新陳代謝を否定し忌避する経済社会システム、企業経営システムはどうしたって衰退していく。終身年功制は、文字通りやれば40年経たないと組織構成員の新陳代謝は一巡しないわけで、これではどうしようもない。それは一人の個人にとっても同じで、自らのスキルセットや経験値を常にリシャッフル、リニューアル、アップデートしていかなければ、こういう時代は厳しい。

「ソニー」や「日立」の大改革もまた、挫折がスタートだった

とはいえ、日本のクラシックな大企業にも、「挫折力」によってよみがえりつつある企業が存在する。その好例がソニーや日立だ。

パソコン「ＶＡＩＯ」やゲーム機「プレイステーション」の成功などで、一世を風靡《ふうび》したソニーが一転、窮地に陥ったのは２０００年代初頭のこと。「ソニーショック」なる言葉が生まれたほど、その衝撃は大きかった。

当時の出井伸之ＣＥＯは「デジタル・ドリーム・キッズ」というコンセプトを提示し、デジタル革命の時代に適応するためにソニーが大きく変容する必要性を説き、ガバナンス改革を皮切りにいろいろな改革を仕掛けた。しかし、当時、ソニーの内外で、ここで求められる変容の大きさと必要性を理解している人は多くなく、出井改革はさまざまな議論を巻き起こした。

その後、ハワード・ストリンガーＣＥＯの時代を経て、私と同世代の平井一夫さんや吉

田憲一郎さんの時代になって、ソニーのコーポレートトランスフォーメーションはやっと実を結んでいく。

　エレクトロニクス部門の大改革を行い、看板商品でもあった「ＶＡＩＯ」事業すら外部に売却する一方で、映画、音楽、ゲームなどの配信事業を軌道に乗せ、同時に祖業中の祖業であるデバイスビジネスのＣＭＯＳセンサーで世界トップを確固とすることで収益を大幅に改善。エレキ部門をグループ内の一企業と位置づけ、「我々はもはや電機メーカーではない」と宣言していることからも、ソニーという会社がまさに生まれ変わるほどの大変革を成し遂げたことがわかる。

　その改革には結局、20年近くの月日を要したとはいえ、結果的に強靭な経営体質を手に入れつつある。

　これもまた、「ソニーショック」と呼ばれるほどの大挫折があったからこそ、実現したことだろう。

挫折がなかった企業ほど、今、苦しんでいる？

　日立も約10年前、リーマンショックのさなかの２００９年３月には、我が国の事業会社史上最大規模の7873億円の赤字を計上し、存亡の危機に立たされていた。そこで経営トップに就任した川村隆さんや中西宏明さんたちは、まず生き残りのために大規模なリストラと、そこで必要となる資金確保のために大規模な増資を敢行する。

しかし、より重要なのは、それで終わりにせず、経営危機に陥った本当の理由、巨大製造業集団という企業グループ形態、メンバーシップ型の日本型同質的組織がオペレーショナル・エクセレンスの一本足打法で戦うモデルが、グローバル化とデジタル化の時代に通用しなくなっているという構造問題を正確に洞察し、息の長い経営改革、コーポレートトランスフォーメーションに取り組み始めたことである。

こうした企業と比べ、むしろ今、苦しんでいるのは、大きな挫折がなくジリジリと業績が悪化していった結果、弥縫《びほう》策を繰り返し、何とかして旧体制のまま取り繕ってきた企業のほうなのだ。挫折はある意味、天祐である。その本質的原因に目を向ける勇気と、本気でそれを解決する意志のある企業経営者にとっては。

空虚なエリート意識や虚栄心は早めに砕いておこう
――挫折が与えてくれた「生きていく知恵」

「鼻持ちならないエリート意識」は周囲にすぐ見抜かれる

挫折は、空虚なエリート意識を打ち砕いてくれる。これは意外と大事なことだ。もっとストレートにいうと、その後の人生が格段に自由でカラフルなものになる。

順風満帆の優等生には、自分が鼻持ちならないエリート意識に染まっていることが自分自身わかりにくい。本人は謙虚なつもりでも、つい人を見下すようになっている。それも学歴や会社に対する世の中の格付けに基づいて。

そのエリート意識は、平時には単に小さな敵意を買っているに過ぎないが、改革にあたっては、強い敵意を買うことにさえなる。どんな慇懃《いんぎん》な言葉を使っても、どんなに深く頭を下げても、しょせん嘘はばれる。特に、必死に現場を支える声なき多くの人々、市井の一隅を照らしながら懸命に生きている人々の直感は鋭い。組織を変えようと提唱しても、最も大事な協力者の力を得られないことになる。

これは、やんごとなき家庭に生まれた政治家や、高学歴エリート街道まっしぐらの官僚や一流企業のサラリーマン、あるいはＭＢＡなんかを持っている頭でっかちコンサルタントや投資ファンドのスタッフがよく陥るパターンだ。彼らがつく嘘は、彼ら自身も無意識でついている嘘だから本当に性質が悪い。


また、この手のエリート意識がある限り、自らが現場で泥まみれになろうとはしない。泥まみれになるふりはできても、自分の手が血で染まるようなことは絶対に無理。改革の必要性を感じても、自分があえて返り血を浴びるのは嫌だから、先送りにしてしまう。今、改革すれば助かる組織を改革しなかったため、10年先に組織をカタストロフィに追いやることになる。エリート意識が強いと、その罪の意識さえない。それは結局、世の中のせいであり、自分の正しい理論を受け入れなかった組織のせいであり、それを実行してくれなかった現場社員のせいとなる。

根っこにそういう思いがあるとどうしても周囲に滲み出る。その結果、気がついたら周囲に敵ばかりという状況に陥るのだ。

30歳でのＭＢＡ留学

私自身が自らの鼻持ちならないエリート意識を吹き飛ばすことができたのは、アメリカへの留学とその後の状況の変化であった。

私がたった1年でＢＣＧを出て新会社であるＣＤＩに移ったというお話は、前にした通りだ。立ち上げたばかりの会社は苦労も多かったが、新しいことができるという楽しみもまた、大きかった。

そして、仕事にも慣れてきた数年後、社内に自分で留学制度を作り、これを利用してスタンフォード大学のビジネススクールにＭＢＡ留学を決めた。30歳のときである。当時、ＣＤＩは軌道に乗って絶好調であり、それだけの余裕があったのだ。

スタンフォード大学ビジネススクールへの留学を希望したのは、経営学を勉強したいというより、戦略系コンサルティングにおける、ものの考え方の源を知りたかったからだ。

実際にはＭＢＡ取得者と議論して、かなわないと思ったことはなかった。それでも体系立てて勉強していないことで、学び残しがあるかもしれないという不安感があった。いわば西洋医学で患者を治しているのに、西洋医学の体系を知らないようなもので、どこか居心地が悪い。この気持ち悪さを払拭するため、アメリカのビジネススクールで学ぼうと思ったのだ。加えて、ビジネス英語を磨きたい気持ちもあった。

留学で学んだことには、面白いことも、そうでないこともあった。競争戦略やマーケティング論、組織論は、正直ほとんどが役に立たない、つまらない内容だった。一方、金融学と経済学は、きちんとした学問ということもあり、面白かった。ノーベル賞も取れる領域だけに、学問としてのレベルが高い。かなり知的レベルの高い人たちが物事を深く考え、考え抜いた延長線上にこの学問があることがわかった。

留学して最初の中間試験までは、自分の立ち位置がわからないこともあり、必死に勉強した。このときほとんどの科目で好成績だったことで全体のレベルがわかり、さほど勉強には力を入れなくなった。代わりに課外活動に力を入れ、選挙に立候補して自治会の委員も務めた。2年間アメリカで生活することで、英語力の向上も含め、勉強以外にもいろいろ学べた。これもまた、留学してよかったことである。

だが、意気揚々と帰国すると……突きつけられた過酷な現実

さて、ここまでは、就職時のドタバタを乗り越えて絶好調。伝統的エリート路線からは

外れたが、ニューモデルのエリート人生で再加速！という感じだ。しかし、2年間の留学生活を終えて帰国した私は、絶好調だったはずのCDIが大変な経営危機に陥っていることを知って驚かされる。

当時、バブルは崩壊し、仕事は激減していた。このままでは赤字で、へたをすると資金繰りも厳しくなりそうだったのだ。

この状態を何とかしなくてはならない。皆で必死になって生き残りの方策を考えた。

当時、いくつかある案件の中で私自身が一番稼ぎやすいと思えたのが、大阪出向という立場で携帯電話会社を立ち上げるというものだった。私は妻と子どもを東京に残し、部下4名とともに大阪に単身赴任することになった。

立ち上げといえば聞こえがいいが、見方を変えれば都落ちである。仕事もかなり泥くさいものであった。給料カットも実施され、同年代でMBA帰りのBCGやマッキンゼーの連中とは比較にならないほど安くなった。不慣れな土地、不慣れな人間関係の中で、これまでになかった苦労をさんざん味わった。

おまけにCDI自身がさまざまなリストラ策をこれと並行して遂行しなくてはならない。お互いに相手の顔が見える小さな会社、それも創業の熱気を共有してきた記憶がまだ生々しいタイミングでのリストラである。まさに挫折感200パーセントの中で、本業をしっかりこなし、辛いリストラも進めなくてはならない。
ＭＢＡを取って意気揚々と帰国した私がまず直面することになったのが、こうした状況だったのだ。

「現場知らず」の逆風の中で

実は自分自身、自分が現場を知らないということに少々不安を抱いてもいた。「あなたはコンサルティングはできるかもしれないが、現場のことはわかっていない」といわれても、その通りだからまともな反論ができない。実際に面と向かってそういわれることはなかったが、内心、常に不安、一種のコンプレックスだったのだ。

そして、その不安は現実化した。大阪の会社では、「あなたは、現場をわかっちゃいない」「そんなの現場を知らない空論だよ」としょっちゅう批判を受けた。「現場を知らない人に何をいってもしかたないが」と厭味もいわれた。

「現場知らず」といわれるたびに、大した反論もできず、悔しい思いをした。書物や学校での勉強があくまで机上の空論に過ぎないこと、仮にそれが正しくても、それだけでは現場を説得できないこと、彼らの戦意を奮い立たすことはできないということを実感させられた。

そこで私が行ったのは、とにかく心の鎧を脱ぎ捨てて、営業現場の一兵卒も兼務し、地域に溶け込むことだった。そうやって現場で叩かれ、もまれることで、事業会社とはどのようなものか、人を使う上で本当に必要なものは何かがわかってきた。この時代の試行錯誤が次第に自分の糧になり、「現場をわかっていない」といわれても、それを論破し、かつ相手に共感させることができるようになっていった。

「エリート意識」という憑き物が取れた6年間

それは大阪で2年半、広島で1年半、さらには仙台、札幌、最後は東京に戻って、延べ6年間ほどの苦労であった。その間にCDIも苦しい状況をくぐり抜け、再成長モードに移っていった。それが長いか短いかはともかく、私のキャリアの中で最も重要な時期になったことは確かだ。この時期にリーダーとして重要なこと、企業経営に必要なことを、いくつも学んだ。

そしてこの体験により、私の中にあった空虚なエリート意識は吹き飛んでくれたようだ。アメリカのビジネススクールから帰国した当時の私は、「MBAも大したことないな」といったおかしな自信や安心感を抱いていた。そのままだったら、「現場も知らないくせに妙に自信を持ったコンサルタント」という鼻持ちならない人物になっていたかもしれない。また、人間や組織というものについて、本で得た知識から、わかったような気になったままだったかもしれない。

絶頂から一転、予想もしなかった都落ちを経験することで、あるいは自分の会社のリストラを通じて人間の本性、人間性の現実を当事者として目撃することで、自分の無知無力を力ずくで思い知らされたのである。

同時に、傍目には「不遇」としかいいようのないこの状況を、いつの間にか楽しんでいる自分も発見した。

司法試験でも挫折もどきは経験したが、今回は本番の社会人人生における挫折である。しかし、その苦境で次から次へと起きる事件や、いろいろな人たちとの出会い——その中にはちょっとヤンチャな人たちもいたが、どぶ板から始まる実業の立ち上げは、そういうさまざまな人たちに支えられて成り立っている——彼らと一緒に汗を流す日々が、私には実にいとおしく充実していた。

また、後の産業再生機構の序盤で大変なメディアの逆風にさらされたときもそうだったが、このような逆境において、誰が本当の味方になってくれるかもよくわかった。

大阪や広島での日々は、私にとって、憑き物が取れて、どんどん自分が自由な人間になっていく日々だったのである。

同世代で図抜けてプロモーションが遅かったことが勲章

こんな調子で「戦略コンサルタント」としては大いに遠回りしたこともあって、私がヒラのコンサルタントから一番下の管理職であるマネジャーに昇進したのは33歳の頃である。CDIはもちろん、BCGやマッキンゼーに入社した同世代の中でも図抜けて遅いプロモーションだったと思う。

このペースは今の経営共創基盤においてもかなり遅いほうだろう。しかし「憑き物」が取れていたこともあってほとんど気にしていなかった。むしろ地位とか職階とかはどんどんどうでもよくなっていった6年間だった。

こだわっていたのは、あの状況で自分が何をなし得るか、自分のまわりのお偉いさんも含め、すべてを手駒と考えて誰をどう利用してことを成すか。将棋の駒ではなく将棋指しの視点で仕事をするようになっていたので、自分の立場が「歩」なのか「桂馬」なのか、それとも「玉」なのかはあまり重要ではなかった。

ＣＤＩのマネジャーとなって8年後、この「6年間」が終わってからわずか3年後に私はＣＤＩの社長となり、その2年後には産業再生機構ＣＯＯとして10兆円の国営投資ファンドのリーダーになるのだが、このマインドセットを持てたおかげで、あまりギャップを感じずに仕事ができたように思う。

ジョブズは前述のスタンフォード大学の卒業式スピーチで、すべてのことは一つひとつのドットとなって後にそれが結びあって意味を持つという、"connecting the dots" という話もしている。同世代で最も遅かったプロモーションも、私にとって一つの重要なドットであり、勲章だった。

強いトップに、挫折経験のある人が多い理由
――「権力」の本質を知ることの重要性

なぜ「傍流出身」のトップが増えているのか

近年、いわゆる「傍流出身」の経営者が増えている。

事実、大復活を遂げたソニーにおいても、いわゆる「傍流出身」のトップが続いている。現社長の吉田憲一郎氏は子会社のソネットへの出向経験者であり、そこで業績を上げたことでソニー本社に呼び戻された人物だ。その吉田氏を呼び戻した前社長の平井一夫氏も、子会社であるソニー・コンピュータエンタテインメント出身。エレキ企業だったソニーにとっては傍流中の傍流だ。

このことはまさに、「挫折力」の重要性を表しているといえるだろう。権力闘争に敗れて左遷されたり、子会社の悲哀を味わったりすることで、「権力の怖さ」を身にしみて体験することができる。そして、その経験があるからこそ、権力というものを使いこなすこ

とができるのだ。

挫折を知るとは、敗者を知ることでもある。彼らも挫折を味わうまでは、小なりといえど権力を持っていたはずだ。だが傍流に行くことで、これらの権力に使われ、虐げられるという体験をする。人間の心の痛みや、そこから生まれる怨念や嫉妬といった、心の闇を我が事として体験する。

こうして権力を行使する立場、行使される立場の両方がわかるから、権力の両面や本質が見えてくる。だからこそ権力を上手に使える、すなわち人を上手に使えるリーダーとなり得るのだ。

常にメインストリームを歩んできた人間は、そこがわからない。常に権力を行使できる者に近い位置にいるため、権力を行使された経験がない。権力に虐げられ、煮え湯を飲まされた経験がないから、権力の本質がわからない。

そんな人物は「有事」にも脆く、自らの権力を有効に行使できない。人間の想像力、思考力というものは、結局は自ら身をもって体験したことに規定される。だから宗教家は修行という人間世界の苦悩を疑似体験することで悟りを開こうとする。

私たちは自分以外の人の力を借りずに生きていくことはできない。特にリーダーという仕事は、実はほとんどすべての事柄を、組織の構成員に頼って実現していく仕事だ。リーダーほど、他人に多くを頼る仕事はないのだ。

人の心、いろいろな立場、いろいろな状況、特にネガティヴな状況での人間の心情に思いを馳せる能力なくして、組織を動かすことはできない。権限規定上の業務命令権で組織が動くなら、経営者も中間管理職も必要ないのだ。

「万年野党」もまた、リーダーとして不適切

逆に、常に非主流という生き方も問題である。権力にずっと虐げられていると、反発体質のみが強くなる。何でも反対すればいいという方向に傾きがちで、反対のための反対しかできなくなる。知らない間に人間性が野党的になってしまうのだ。自ら能動的、建設的に考える力、現実的で実行可能な提案を行う能力は、万年野党精神では絶対に身につかない。責任もないから本質的にお気楽仕事。先述した陰口と愚痴をうじうじいっている人生と本質的な差はないのだ。

何でも反対という人物は、権力の持つ可能性と限界、そしてその本当の怖さを知らない。可能性と危険性を知らないから、権力に対して反発することは得意だが、権力をうまく使

いこなすことができない。だから何かの拍子でリーダーになってしまうと、権力の表層的な強さ、命令権や罰則に頼って人心の離反を招く。あるいは権力の大ナタを振りおろしたら、空振りをして自分の足を傷つけてしまう。こうしていざリーダーとなったとき、何もできないままで終わることになる。かつての民主党政権が、まさにその好例だ。

一方、戦後最長となった安倍政権の評価については賛否両論あるが、少なくとも経済政策については、大胆な金融緩和策やコーポレートガバナンス改革を巧みなトップダウン型でやり遂げ、一定の実績を上げたと評価すべきだろう。

これは、第一次安倍政権があまりに性急に改革を進めようとして失敗した「挫折」から学んだ点も大きかったと思われる。権力の怖さを知ったからこそ、それをうまく使いこなせるようになったことが、長期政権を生んだ要因の一つではないだろうか。

小さくてもいいので、組織のリーダーになっておこう

こう考えてくると、やはり若いうちに、どんな小さな集団であれリーダー的な立場を経験したほうがいい。主流である必要はなく、とにかく人を率いて、権力を振るってみる。

そうすれば権力を行使する難しさを体感できる。

しかし若いうちに任されるのは大抵弱小集団であり、自分の立場も中間管理職的。大派閥や組織上層部の力に翻弄され、挫折する。そうして初めて権力の恐ろしさを知ることができる。上司と部下、株主と顧客、いろいろな板挟みに悩まされ、いかに自分の持っている制度上の権力が無力なものかも思い知るだろう。

また、その過程で、権力の裏側にある「責任」の本質、すなわち自分の力が他人の人生に影響を与えること、それも力を正しく使うことができれば、他人の人生にポジティヴな影響を与え得ることも知るはずだ。ここにこそ、人が人とかかわりながら生活していく社会的生きものとしての人間の生の醍醐味があり、それを最も多く享受できるのがリーダーという役割なのである。

生意気のススメ――上司と部下との理想の関係とは？

若いうちは「生意気」くらいでいい

どの世界にも「生意気なやつ」というのはいるものだ。新人であるにもかかわらず、「この仕事のやり方はおかしい」などと主張して、上の意見や指示をそのままでは聞こうとしない。どんな職場、あるいは学校にも一人はいて、上司や先生の悩みのタネになっていることも多いだろう。

だが、私はそんな人に対して「どんどん生意気になればいい」といいたい。そうして意見をいい続けることで、会社や学校が良くなるなどということではない。生意気な人間は目の敵にされ、必ず叩かれる。その経験こそが重要だからだ。

正直、私自身もそういった「生意気なやつ」だったからよくわかるのだが、いくら頭が良くても、世間知らずの学生や会社に入ったばかりの若手が思いつく意見などというのは、大抵考えが浅いものだ。

だから、本気で上司や先輩が反論しようと思えば、いくらでも穴が見つかる。それを指摘され、ムキになればなるほど、ますますその論理は破綻してくる。

論客揃いのBCGで舐めた苦渋

ＢＣＧ入社直後の私がまさにそうだった。特にコンサルティングファームというところは論客が揃っている。先輩コンサルタントにしてみれば、新人のいうことなど赤子の手をひねるように覆すことができる。またクライアントからは、商売のリアリズムが欠落しているところを徹底的につかれる。私も何度も苦汁を舐めることになった。

だが、そうして叩かれると、こちらも考える。「どうしたらあの意見に反論することができるのか」「自分の考えをもっと補強するには、何が必要なのか」などと考えることで、当然思考力は高まる。しょせんぺいぺいの立場だ。いくら間違っていても仕事全体に大した影響はなく、他人に迷惑をかける心配はない。そうして再度武装して挑み、また叩かれる。そこでさらに武装して……ということなしに、人は成長することができないのだ。

もちろん周囲との人間関係が決定的に壊れると、後々、いろいろ面倒だし、本格的なＫＹ（空気を読めないやつ）だと思われると生活しにくくなるので、そのあたりは計算しつつ、チャレンジを続ける。「えぇーっ、それは違うだろう！」と思った三回のうち二回は我慢するくらいの塩梅《あんばい》が私の場合、ちょうどよかった感じだ。

「戦うのは面倒」と思っていては、いつまでたっても成長できない

ところが最近、「いい子」が多い気がする。上司の意見に唯々諾々《いいだくだく》と従い、「おかしいな」と思っても反論をしようとしない。そういった人たちは、上司に怒られることを恐れると同時に、「楽をしたい」という気持ちもあるだろう。相手のいうことに、「それはおかしい。あなたは間違っている」というのは面倒だし、エネルギーがいる。それが直接の上司であれば、なおさらだ。

では、上司のいうことに100パーセント賛成しているかというと、そんなことはない。心の中では上司を馬鹿にしていたり、仲間内ではグチをいいあったりしているのだ。だが、それではすべてが自己満足に終わってしまう。叩かれることもないからそれ以上伸びることもない。長い目で見ると、非常に生産性の低い行為なのだ。

考えてみてほしい。実は上司や師匠に食ってかかるのは、そもそも気楽な行為ともいえ

るのだ。なぜなら、もともと力関係で相手のほうが上なのだから、負けて当然である。仮にこちらが優勢で相手を傷つけることになっても、「それも上司の仕事」と思えば、良心の呵責《かしゃく》に苦しむ必要もない。

むしろこうした場合は、上の人間のほうが大変だ。万が一にも負けるわけにはいかないし、いい方を間違えれば、部下のやる気を損ねたり、おかしな恨みを買うこともある。チームの他のメンバーの目も気になる。そう考えれば、いかに部下が気楽な立場かわかるだろう。いいたい放題いえるのだから、思ったことはどんどん口にすればいいのだ。

上の人は、生意気なやつを全力で叩け！

上司との軋轢経験は、自分が将来、管理職の立場になったときに非常に生きてくる。あなたの挑戦を上手に退けてチームをまとめ上げた有能な上司も、力ずくで押さえつけて他のチームメンバーの信望も失うダメな上司もいるだろう。どちらの上司も、あなたの将来にとって大変な教材になるはずだ。

議論に負けて、万が一、その上司に個人的に嫌われてしまったとしても、命を取られるわけではなく、せいぜい左遷されるぐらいである。また左遷されたとしても、若い頃の左遷は人生に大した影響を与えない。むしろ、そこで得た挫折体験により、さらなる力をつけることになる。先ほども述べたように、本当に優れた大企業の経営者の多くは、どこかで一度、子会社などへの左遷を経ていることが多いものだ。

もちろん生意気なだけで、叩かれても伸びない人もいる。ただ生意気ならばいいというものではないが、生意気でなければ伸びないことも確かだ。まずは上の人間を恐れず、空気も恐れず、どんどん食ってかかる。そんな「生意気なやつ」を目指してもらいたい。

そして私は、上の人にもいいたい。「生意気なやつ」がいたら、面倒くさがらずに叩いてあげてほしいのだ。実際には先ほど述べたように、上司が部下を叩くのはリスクがあるし、エネルギーも使う。しかし、だからといって野放しにしていては、その部下のためにも、会社全体のためにもならないのだ。

私もまた、生意気と思うやつは、積極的に叩く。そこで相手がムキになって食ってかかれば、こちらも本気で相手をする。それが上司の務めである。

挫折体験が履歴書の核になる時代の到来
――「でこぼこ人生」が売りになる

シリコンバレーでは失敗は「ポジティヴ」である

さて、挫折体験がもたらしてくれる効能について、ちょっと意外なものを一つご紹介しよう。それは、「挫折があなたの経歴を彩ってくれる」ということだ。

挫折は、日本では恥ずべき体験、隠してしまいたい体験と思われがちだ。履歴書を書くときにも、できるだけ挫折を隠そうとする人がいる。大学受験の浪人経験くらいなら履歴書に当たり前に書けるが、留年になると書きにくい。その後、破産経験やリストラで無職時代があったとかは、ますます書きにくい。

だが、挫折体験は実は、抹消すべきものとは限らない。やがて日本でも、挫折体験は尊ばれ、履歴書の核にさえなる日が来るだろう。少なくともアメリカのシリコンバレーでは、立ち上げたベンチャーが潰れたとか、そのせいで自己破産したとかは、明らかに職歴としてはポジティヴな項目である。それが若い時期のものならなおさらである。

日本人のＭＢＡ留学生が減少している意外な理由とは？

アメリカのビジネススクールにおいて、日本人留学生の存在感がすっかり薄れてしまって久しい。かわりに台頭してきているのが中国人である。元々受験者が多いということもあるが、中国人受験者との受験競争に敗れ、入学できる日本人留学生が少なくなってしまっているということも大きな要因だ。

では、どこで差がつくのか。思考能力や知識レベルには大差はない。一番の違いは「日本人受験者の経歴がつまらない」ことにあるのだ。

ビジネススクールへの留学資格は、基本的にＡＯ（アドミッションズ・オフィス）入試で決まる。課題に合わせてエッセイや論文を書き、推薦書を添えて提出する。これに筆記試験の点数が加わるが、筆記試験は勉強すれば、何とかなる。問題はエッセイや論文で、これに受かるには「個性」が求められるのだ。

試験官は、何千通ものエッセイを読まされるのだ。受験生の大半は学歴も職歴も一定以上のエリートだ。誰でも書けそうな凡庸な内容しか書いていなければ、すぐに見切られ、落とされる。試験官にアピールできる内容にしなくてはならないのだが、日本的な教育制度の中で育った優等生は、無難なことしか書けない。皆が似たりよったりの優等生人生しか送っていないから、そこに差が生まれないし、面白くもない。人生に面白みがないから、人を面白がらせたり、ハッとさせたりする文章が書けないのだ。それが多くの不合格者を作っているように、私には思えてならない。

ここで活きてくるのが、失敗や挫折の経験である。挫折を経験し、それを乗り越えていくときに一つのドラマが生まれる。ものの見方に幅が生まれるし、人と違う個性をアピールできることにもなる。

私が受験にあたってスタンフォード大学へ提出した20代半ばまでの経歴は、日本人受験生としてはなかなかユニークであった。有名大学を経て司法試験にも合格したのに、それを棒に振って、コンサルティング会社に入社。その会社にもいつかず、1年で新会社に移っている。これくらいのネタがあれば、十分に波乱万丈の物語を作れる。もちろん、そのためにBCGに入ったわけでも、CDIの設立に参加したわけでもないし、それが決め手となって留学できたわけでもないだろうが、このような経歴が留学時代にいろいろ役立ったことも事実だ。

産業再生機構出身者が引く手あまたなワケ

ちなみに当初はその成功が非常に不安視されていた産業再生機構に、前職をなげうって飛び込んできた若者の多くが、後にハーバードやスタンフォードといった超一流ビジネススクールに合格している。そりゃあそうだ。再生機構の軌跡自体が一大ドラマである上に、そこで彼らが任された仕事も、企業再建の壮絶なリアルドラマである。彼らのエッセイが目立ったのは当たり前だ。

今後、ますます増えるであろう転職マーケットでも同じことがいえる。当たり前の経歴、当たり前の高学歴は、引っかかりがないのでおそらく書類審査ではねられる。やはり目立ってナンボの時代である。

挫折は、決して恥ずかしく、抹消すべき体験ではない。それを乗り越えた自分を描けるなら、履歴書の核になる。私は再生機構において、親から継承した旅館が倒産して、自らも自己破産した若者を採用している。彼は再生機構で自らの挫折経験を活かし、ホテル、旅館再生のエースとなった。今は自分で起業して日本中のホテル、旅館の再生に奔走している。

挫折経験を重んじるのはあくまで欧米のビジネススクールの話で、日本企業へ転職する際には通用しない、と考えるかもしれない。だが、挫折経験を書いた履歴書を拒むような人事担当者がいるような企業には、そもそも行かないほうがいい。そうした会社はおそらく全社的に優等生組織であり、こうした組織は早晩、危ういことになる。受からなくてよかったと喜んだほうがいいのだ。

若いうちは特に「あえて挫折に飛び込め」
——失敗に慣れておくことの意味

40代、50代でのカタストロフィは致命的

かつて日本が高度経済成長を遂げていた時代は、大きな挫折というものはそうそうなかった。皆がそれなりに引き上げてもらい、成功らしきものを手に入れられた。

当人からすれば過酷なノルマに追われ、上司から強い圧迫を受け、ストレスだらけの日々だったかもしれないが、私にいわせれば、それは大したストレスではない。別に命や財産を失うわけではなく、せいぜい左遷させられるくらいだ。その意味でかつての日本は、ストレス耐性がなくても何とかなる社会だった。

だが、今の日本は違う。どこにいても挫折のリスクはつきまとう。数年後に自分の会社があるかどうかわからず、残っていてもリストラにあう可能性もある。大企業にいてもお役所にいても、自分が定年まで勤められる保証などない。順風満帆だったビジネスが、急

激な環境変化で1年後には頓挫《とんざ》していることもある。確かなものはどこにもなく、どこにいても何をしても挫折を経験する可能性は高い。

このとき致命的なのは、40代後半や50代になってカタストロフィに見舞われることだ。すでに結婚し、子どもも大きくなり始め、家のローンはまだまだ残っている、子どもの学費も捻出しなければならない。そんな身動きのできない時代に大きなカタストロフィに見舞われては一大事だ。

「どこかでカタストロフィが起こる」と考え、人生を設計する

生まれつきストレスに強い人なら、そんな状況でもたくましく乗り切ることができるだろう。一家を路頭に迷わせてはいけないという義務感から、むしろやる気を出すかもしれない。だが、それまで挫折経験の少ない人は、ストレスに弱い。大きなカタストロフィを前に、心が挫けてしまうかもしれない。今の生活をどう維持しようかと思っただけで、頭がパニックになってしまうのだ。

そう考えるとカタストロフィは、若いうちに経験しておいたほうがいい、ということになる。むしろ、カタストロフィに遭遇できてラッキーだ、くらいに思ってもいいだろう。

ストレスに慣れていくうちに、ストレス耐性が強くなり、やがて強いプレッシャーにさらされたときも、さほどストレスを感じなくなるのだ。

また、「長い人生にはそういう不運が起き得る」という前提に立てば、それなりの備えを考えておくはずだ。財政的な話だけでなく、家族の側の心の準備も含めて。いざというときに家計を縮めても、家族、特に子どもたちの人生が壊れないよう、それこそ学校選びから考えるかもしれない。何より家族の期待値を、将来の挫折リスクを織り込んだものに調整しておけば、いざというときに家族の心が折れることも起きにくい。こういうことも、早めに不運体験をしておくとあらかじめ準備をしておくことができる。これで挫折耐性、ストレス耐性はかなり高められるはずだ。

挫折のストレスは、自分自身の後悔や落胆もあるが、家族や仲間を巻き込み、彼らとの板挟み状態になることで最大になるものなのだ。

ある高名な大経営者は、自らが創業した会社を上場させたあとも、若いときに奥さん名義で建てた家にそのまま住んでいるそうである。普通に生活していくのにはその家で十分。いざというときに、その普通の生活さえ守れるのなら、じたばたしておかしな方向に走るような心境にならないですむと考えたそうだ。

その人が創業した会社は、極めて厳しい経営環境の中でライバル企業の多くが淘汰や倒産に追い込まれた中で、その山谷、波風を乗り越えて、今も隆々と繁栄を続けている。

あえて「失敗経験を積み重ねる」

カタストロフィはあえて自分で作ってもいいし、カタストロフィの中に飛び込んでもいい。あえて重圧のかかりそうな仕事を引き受けてもいいし、気難しそうなプロ集団の中に入って暴れてみるのもいいだろう。そうして早いうちに、そこそこ大きなカタストロフィを経験して、ストレスに強くなる。そうすれば40代、50代になってからカタストロフィに見舞われても、何とかしのぐことができるし、そもそも襲われにくくなる。

もう中高年になっている人、自信のない人は、いきなり大きなカタストロフィに飛び込むよりも、徐々に慣れていくほうがいいだろう。今からでも遅くはない。身近で、そこそこの不運に見舞われそうな仕事や状況に首を突っ込むことをお勧めする。

いずれにせよ、いきなりあまりに深刻な重圧にさらされると、解決法がわからず、パニック状態になりやすい。そこでうまく居直れれば強いストレス耐性を身につけられるが、真面目な人ほどそうはならない。居直る自分が許せないため、出口を自分で作れず、出口がなくなってしまうからだ。

出口の見つからないまま巨大なストレスにさらされ続けると、ついには心の病にさえなる。ストレス耐性が身につかないまま病気になったのでは、割に合わない。慣れていない人や真面目な人ほど、ストレス耐性は少しずつ強くしていくことを考えたほうがいい。

挫折の多い人生は不幸なのか?

これからの人生は、良くも悪くもドラマチックなものになると考えておくしかない。その不幸なドラマを受け流すスキルこそが、愉快に人生を生きていく上で必須なのである。

では、挫折の多い人生が不幸かというと、そうではない。どこかでリスクにあい、壁にぶつかるのは一つのドラマであり、チャンスである。不幸とカタストロフィの繰り返しによって、より面白い人生が送れると思うなら、それは幸福な人生である。不幸がいかに多くても、折り合いをつけ、心安らかな人生さえ得られるようになる。

これは高度経済成長時代のサラリーマンの幸福とは、違う質の幸福だろう。当時はひたすら上を目指し、望むものを多く手に入れられた。これは幸せといえば幸せだが、彼らはそこから外れるという選択が難しかった。その意味では広がりと自由のない人生で、今は安定がないぶん、いくらでも踏み外せる。これはこれで幸福な人生なのだ。

COLUMN

「半沢直樹」から見えてくる日本企業の病理

半沢直樹は「ファンタジー」である

２０２０年に第二期が放映されたドラマ『半沢直樹』。第一期から7年ほどのブランクがあったにもかかわらず、第一期と同様に大ヒットした。私も毎回、楽しみに見ていたが、このドラマを見てどう考えるかは、実はあなたのリーダーとしての資質が問われる試金石である。

今の日本の組織にはさまざまなしがらみがあり、それが業績悪化の一因となっている。その多くは昭和の時代に作られた会社という仕組みがうまく機能しなくなったことに起因している。『半沢直樹』で描かれるさまざまな問題の根幹にもそれがある。

例えばドラマで描かれた航空会社の再建問題は、私もタスクフォースとしてかかわった日本航空(ＪＡＬ)のケースがモデルになっている(かなりデフォルメされているが)。あのドラマ内でも描かれていたように、当時のＪＡＬにはさまざまな問題が山積していた。そのことは誰もが認識しており、変わらなくてはならないと思いつつ、それぞれの立場やしがらみもあり、なかなか実現しなかった。その結果、国の支援を必要とするまでに追い詰められてしまったのだ。

しかし、ドラマの半沢はそんなしがらみを一刀両断してみせる。ドラマの中のタスクフォースは実に情けない敵役だったが、私が実際に喋った一刀両断決め台詞を、半沢の台詞としてほぼそのまま使ってくれていた。そして、相手が企業のトップだろうと政治家だろうと「正論」をそのままぶつけ、最後には倍返しで勝利してしまう。

だが、現実の組織には半沢はいない。というより、あんな人物がいたらとっくに潰されている。誰だって問題点はわかっているが、正論をそのままぶつけたら大変なことになるとわかっている。昭和のサラリーマン世代にとっては、そんなルサンチマンがあのドラマへの共感を生み出している。原作者の池井戸さんが語っている通り、半沢直樹はあくまでファンタジーなのだ。

つまり、半沢直樹のようなスーパーマンがいない中で、どのように会社の問題を解決すべきかを考えなくてはならないのだ。「わが社にも半沢直樹がいればいいのに」などと考えているようでは、リーダー失格である。

時代劇としての半沢直樹「なぜ半沢は、東京中央銀行を辞めないのか？」

一方、『半沢直樹』を若い人が見ると「なぜ、半沢はあんな仕打ちを受けて会社を辞めないのか」と考えるはずだ。これはまったくもって正論なのだが、だからこそ、辞めたくても辞められないという40代以降のビジネスパーソンの心をつかむのだ。

このズレがあるにもかかわらず、あのドラマが若い人にも受けたのは、ズバリ「時代劇」として作り込んだことにあると思う。実はドラマの進行と合わせて、同じタイミングで実際のＪＡＬ再生で起きたリアル帝国航空再建の過程をツイッターでつぶやいてみたのだが、これが大反響。ツイッターはＳＮＳとしてはＦａｃｅｂｏｏｋなどよりも比較的若い世代が多いのだが、「リアルのほうも面白いので続けてくれ！」とリクエスト殺到で、結局、全回つぶやき続けることになった。

若い世代の彼らは、市川猿之助以下、芸達者の歌舞伎役者勢ぞろいで演じる、まさに時代がかった勧善懲悪の時代劇をテレビで楽しみ、同時に彼らにとってはよりリアリティのある平成の事件に関する私のツイートを楽しんでいたのである。

昭和世代には共感満載のファンタジーとして、平成世代には『遠山の金さん』や『水戸黄門』と本質的には同じ時代劇を近現代に舞台を移した極上のエンターテイメントとして、幅広い世代それぞれに受けるドラマに仕上げた制作スタッフに脱帽である。

「君は将来、うちの頭取になるべき男だ」!?

最終回の最後のシーンで、北大路欣也が演ずる頭取が半沢に「君は将来、この銀行の頭取になるべき男だ」と語りかける。半沢直樹はバブル入行世代なのでもう50歳代のはず。そんな年齢のおっさんをつかまえて「君は将来……」が最後の決め台詞というのは、やはり昭和の時代劇だと私は思った。

東京中央銀行はグローバルな金融の世界で戦うメガバンクという設定だ。今どきグローバル競争を戦う企業のトップ就任時期はおおむね50歳代前半、40歳代ということも少なくない。何が起きるかわからない生き馬の目を抜くグローバル金融の世界は、365日24時間のハードワークである。しかもフィンテックなどの破壊的イノベーションの大波がガンガン押し寄せる。

50過ぎの半沢にいうならどう考えても、「次の頭取は君だ」だろう！……と思ってあちこちにそんなことを書いていたら、2020年の暮れに東京中央銀行のモデルとされているメガバンクのトップに「半沢さん」が50歳代半ばで就任するという報道が流れた。

昭和は着実に遠くなりつつある。鞍馬天狗じゃないが「ニッポンの夜明けは近いぞ」といいたくなるうれしいニュースだった。

『半沢直樹』は非常によくできたドラマだが、それを見て強く共感する世代もいれば、もはや「時代劇」としてとらえる世代もいる。これからリーダーを目指す人には、あれを「時代劇」だと思って楽しむ感性と、わが身に重ねて共感する世代がいることを理解する知性との両方が必要だろう。

「世話物」「寅さん」「北の国から」「逃げ恥」が示す変わらないもの

半沢直樹の物語が若い世代にとって今や時代劇になっているのと比べ、エンターテイメントの世界で時代を超えた普遍性を持つ物語、時間を経過しても「あるある」感を持てるコンテンツがある。

歌舞伎でいえば、江戸時代の庶民を描いた当時の現代劇である「世話物」。そして昭和の高度成長期なら、「寅さん」映画で描かれる物語。昭和の終わりから平成にかけてのテレビドラマなら『北の国から』。さらには最近なら『逃げるは恥だが役に立つ』(通称「逃げ恥」)である。いずれも私のお気に入りコンテンツだ。

これらに共通しているのは時代時代のエスタブリッシュメント的なエリートではなく、市井の一隅を照らしつつ「泣き笑い」しながら生きている多数派の日本人の姿を描いている点である。

そこに登場するメインの人たちは、終身年功的な大組織の正規構成員ではない。江戸時代なら藩に仕える忠義に生きる武士(当時の人口比10パーセント以下と推定されている)、現代なら大企業に勤める忠誠心に縛られたサラリーマン(これも全体の約2割に過ぎない)は主役ではないのだ。

描かれているのは、もっと色とりどりの庶民の人たち。誘惑に弱くていい加減なところもあり、現金なところもあり、仕事もころころ変わるし、男女関係やLGBTもおおむね緩め。だけど情に厚くて仲間や家族思い。酒色や博打におぼれてとんでもないことをしでかしておいて、心の底から反省し勢いで命を投げ出したりする。

まったくの現代劇である「逃げ恥」も、契約社員的な立場で生活している人や地元のマイルドヤンキー的な人たちを中心に、生き生きと今どきの多数派の人々のリアルを描いている。それこそ失敗だらけ挫折だらけの人たち。そこにはいつの時代も変わらない「あるある感」が満載だ。

考えてみたら古事記などに登場する神様たちもかなり緩いところがあるし、とっても個性的で多様なキャラが揃っている。

私は日本社会において底流を流れる変わらないものとは、こうした人生いろいろで、緩くて、しなやかで、流動的で、人懐っこい部分だと考えている。江戸時代にできた歌舞伎から現代のコミック原作のドラマにまで通用しているのだから、これこそまさに文化だ。

コロナショックで、がちがちに硬直化した日本のカイシャの仕組み、経済社会の仕組み、半沢直樹が悪戦苦闘してきたものは、さらに崩れていくだろう。人々はそういう仕組みのある場所に満員電車に乗って通うことが実は仕事でも何でもないことに気づいてしまったのだから。

その代わり、寅さんや「逃げ恥」を愛する私としては、新しい時代にお呼びがかかる日本的なるものは、もっと自由でぶっちゃけていて柔構造な日本のほうだと信じてやまない。

こんなことをいうと、「共同体文化の日本人にとって会社という共同体を失うことは大きな危機だ」みたいなことをいい出す連中がいるが、若い世代が、半沢直樹がこだわっているあの共同体に帰属したいと考えるだろうか。

大丈夫。いつの時代も私たちはその時々に応じて融通無碍《ゆうずうむげ》にいろいろな共同体を形成し、そこで愉快に生きてきたのだ。新しい時代のリーダーには融通無碍に新たな共同体、もっと緩くて「いい加減」な共同体を創造しまとめていくリーダーであってほしい。

前述したＪＰｉＸがこれから活動していく社会空間も、現代のリアル日本の主役、新たな、そして本来的な日本的共同体空間である。河竹黙阿弥の芝居に出てくるヤバい人たちや寅さんの「とらや」の人たち、そして「逃げ恥」のみくりさんの実家周辺にいそうな人たちと仕事をするのが楽しみである。

第2章

ストレス耐性を高め、失敗を笑い飛ばせ

「禍福は糾える縄の如し」が教える人生の知恵
――失敗に押し潰されないために

失敗に負けない「ストレス耐性」を身につけるには？

100年に一度の危機が毎年のように起こる変化の激しい時代、誰もが失敗や挫折なしに生き抜くことはもはや不可能だ。しかし、そうした失敗や挫折があるからこそ、人は成長することができる。第1章ではそんな「挫折力」について触れてきた。

しかし、だからといってむやみやたらに失敗すればいいというものではない。同じような失敗を何度も繰り返すようでは成長は望めないし、挫折するたびに落ち込んで何もできなくなってしまうようでは、挫折を糧とすることなど到底無理である。では、挫折を力に変えるにはどうしたらいいのか。それを説くのが本章以降のテーマとなる。

まずは何より必要となるのは、「ストレス耐性」を強くすることだ。

そのための方法はいくつかあるが、その大前提として「禍福《かふく》は糾《あざな》える縄の如し」ということ、つまり常にいいことと悪いことは表裏一体だということを意識しておくことである。

波乱万丈を絵に描いたような父の人生

私はこの考え方を、幼いうちから自然に身につけることができていた。というのも、私の家系には「禍福は糾える縄の如し」を地でいくような人が、たくさんいたからだ。

父方の祖父母は、和歌山の貧農だった。祖父は自分の兄弟姉妹の学費・生活費を稼ぐために、約100年前に一念発起して夫婦でカナダのバンクーバーに移民した。移民排斥や人種差別にあいながらも、それなりの成功を収めた。

そこで勉強ができた長男を一人日本に帰らせ、東京帝国大学法学部に進学させた。当時の日系移民が、子どもを帝国大学に行かせるまでに成功するには、並々ならぬ努力があったはずだろう。そうした中で、息子を東京帝国大学に行かせられたのは、大変な誇りだったはずである。

だが、彼は学徒出陣で兵隊として召集されることになり、入営後、病気にかかり亡くなってしまった。祖父母の嘆きはどれほどであったろう。

父もまた、順風満帆な生涯ではなかった。父は亡くなった長男の弟にあたるが、カナダで生まれたあと、日加関係の悪化により9歳のときに両親とともに日本に帰ってきた。戦後、新制になったばかりの神戸大学に入学し、卒業後は江商という当時の大手総合商社に入った。

やがてオーストラリアのパースに赴任し、鉄鉱石の開発に携わるようになる。昭和30年代後半のことで、当時は一商社一家族しか駐在できない時代だから、父は会社の重要プロジェクトを一任されていたといっていい。私もこの頃のことを覚えているが、オーストラリア時代には楽しい思い出が多い。

ところが昭和40年代に入って、環境は激変する。昭和40年不況に伴う経営悪化により、江商が兼松に吸収合併されたのだ。父にも帰国命令が出され、帰国後は失業者になりかねない立場に陥ってしまった。幸い父は即刻クビにはならず、しばらく会社にとどまっていたが、やがて辞職し、次の職を探し始めた。

だが、当時は終身雇用・年功序列のまさに「カイシャ」全盛だった。英語が堪能だった父には他の商社からの声もかかったが、途中から入った者は、どんなに優秀でも外様扱いしかされなかった。父のキャリアは振り出しに戻ることになってしまった。

だがそんな父にチャンスが訪れる。ちょうどその頃、日本の凸版印刷とカナダのムーア社が合弁で、トッパン・ムーア・ビジネスフォーム（現トッパン・フォームズ）を立ち上げることになったのだ。これはかつてカナダで暮らした父にはぴったりのプロジェクトであった。

父はこの会社の創業に加わることになり、後には経営者としてスケールの大きな仕事に携わることができた。もし、我慢して元の会社にとどまっていたら、こうした経験は到底できなかっただろう。どこか別の商社に転職しても、年功序列や生え抜き主義の壁でそうはいかなかっただろう。これもまた「禍福は糾える縄の如し」である。

そんな祖父母や父を見ているから、人生とは、いいことと悪いことがコロコロ転がっていくようなものだと思っていた。不遇と思える境遇に陥っても、「これで普通」「いずれまた転機がくる」と自然に思えたのだ。

逆に親が順風満帆で完璧な人生を歩んでいたら、子どもも「失敗したらいけない」「今のレールを外れてはいけない」と過度に思うようになるだろう。発想が硬直的で、常に守りに入るような人生を歩むことにもなる。

そういう意味では、親が子どもに自分の失敗を隠すような生き方をするのは間違いだ。子どもの前で格好をつけたいのはわかるが、あえて人間らしさをさらけ出したほうが、子どもにとってプラスになることもあるだろう。

人生はしょせん回り舞台

前に述べたように、私が2回目に受けた司法試験は「これほど真剣に勉強したことはない」というほど心血を注いで臨んだにもかかわらず、不合格だった。内心、当然受かると思っていただけに、これはかなりのショックだった。

とはいえ「やり方がまずかった」とすぐに気づき、司法試験に即した勉強法に切り換えられたのは、「禍福は糾える縄の如し」ということを、ずっと以前から感覚的に理解していたからかもしれない。

その後の「都落ち」の時代も同じ。まあ人生、しょせん回り舞台で、スポットライトが当たることも、日の当たらない境遇のときも、浮き世の常としてあるもんだと腹の底で思っていると、結構、楽しく受け流せるものである。

別に私の話に限らない。「失敗して左遷された子会社で、経営のイロハを学ぶことができた」「初期に失敗してその事業から手を引いたことで、あとで大損失をしなくてすんだ」

「失敗を機に改革を行い、より強固な会社組織を作ることができた」などという話は枚挙に暇がない。科学の世界では、ノーベル賞級の発見は、実験の失敗がきっかけになることが多いのも周知の事実だ。

お金持ちになることより、「幸福」になることのほうが難しい⁉

逆に、世の中、大金持ちや社会的な成功者で、家族揃って幸福な人が珍しいのも事実。大金持ちの大体が家庭崩壊か、家督や財産の相続をめぐって親族が骨肉の争いを始める。大家族で兄弟が配偶者を含めて仲がいいケースは極めて稀だ。仕事柄、本当にいろいろな大金持ち一族、あるいは仕事で成功して金持ちになった連中をたくさん間近で見てきたが、本当にそうである。金持ちになることよりも、金持ちになってなおかつ幸福になるほうが難しいと思えるくらいだ。

成功してきた人たちだから、それなりの人生の知恵を持っているにもかかわらずそうなってしまうということは、富や成功の中に不幸への招待状が組み込まれているとしかいいようがない。そう考えると、神様も世の中をそこそこ公平に作ってくれているものなのだ。

若いうちは、そういった人々の起承転結をまだ現実のドラマとして見ていないので、他人の成功と自分の失敗に同時に直面すると、意気消沈と焦りが混在した不健康な気分になる。でも、大丈夫、やつらは成功した瞬間から不幸への列車に片足を踏み込んでいるのだ。だから、あなたももし失敗に押し潰されそうになったら、「禍福は糾える縄の如し」という言葉を思い出してみていただきたい。すっと気分が楽になるものだ。

うまくいかないときは「逃げて時を待つ」
——世の中の成功哲学の欺瞞について

二代目のエリートが失敗する典型的パターンとは？

世の中には、成功哲学を語った本や、必勝の方法論をとうとうと語るような話があちこちにあふれている。しかし、実際の人生、自分一人で自らの成功を制御するには、あまりにも外部要因の力が大きすぎる。だから、この手の話の大半が結果論。歴史を逆さまに観察し、後知恵で必勝の法則を語っている場合が多い。残念ながら、そこに書いてある通りにやったとしても、世間的な意味合いで成功する人はおそらくほんの一握りである。

むしろいろいろな要素がどうしても噛み合わない時代、いろいろな事柄がすべて自分にとって逆風になる方向に作用する時期はあるものだ。これはリーダーの立場でも同じ。大きな「気」の流れのようなものが反対方向のときに、人知の為し得ることはどうしても限られている。

人間は得てして、こういう状況でじたばたしてかえって致命傷を負ってしまう。特に失敗慣れしていない人は、それこそ人生の終わりのごとく焦り狂って、ますます墓穴を掘る。あるいは必要以上に絶望して自暴自棄に走ったりする。会社の破綻劇においては、最後の致命傷は、こういう心理に陥った優等生経営者や育ちのよい二世、三世経営者が、最終局面で展開する一世一代の愚策の場合が多い。

どうしようもない逆風は「受け流す」に限る

城山三郎の『落日燃ゆ』（新潮社）は、外交官で元首相の広田弘毅を描いた傑作だが、その中に広田が事実上の左遷でオランダに赴任したときに詠んだ、「風車、風の吹くまで昼寝かな」という句が出てくる。最低限、飯が食えて、夜露がしのげる場所があれば、人間は基本的に生きていける。いや、そのことのありがたさが身に染みていれば、大抵の失敗や挫折は受け流せるものだ。

挫折や不遇をそうやって受け流してみると、生きていくことに不思議な自信が湧いてくる。特に左遷なんていうのは、ある意味、責任のない立場への島流し。人生においては格好の充電、神様がくれた学び直しのチャンスである。

挑戦をすれば、当然に負け戦は増える。そこで大きな逆向きの流れ、自分一人ではどうしようもない因子に圧倒的に支配されている感じがしたときは、とりあえず三十六計逃げるにしかず。風当たりの小さい脇道にそれて、木陰で逼塞《ひっそく》していればよい。運のめぐり、風のめぐりは人それぞれだ。自分の風が吹いて「風車」が回り出すまで、じっくり力を蓄えるほうが結局うまくいく場合が多い。

その姿が他人から失脚に見えようが、都落ちに見えようが、気にすることはない。人生は意外に長い。とりわけ、あなたがリーダーや経営者として本当の仕事をしなければならない時期はまだまだ先である。だから成功哲学の呪縛で「何歳までに何々を成し遂げなくてはならない」と自分を追い込む必要はない。あんなのは人生の多様性や偶然性を無視した欺瞞《ぎまん》である。

私自身、世間の尺度から見れば、何度も横道にそれて「昼寝」をしてきたことは、すでに述べた通りである。

全力で戦いつつ、「撤退」「先送り」を意識しておく
——二つの自分を持つ重要性

一つの成功事例の裏には死屍累々のプロジェクトあり

世の中、取り組んだ仕事やプロジェクトがうまくいかないなんて話は山ほどある。ユニクロの柳井正社長が『一勝九敗』（新潮社）、建築家の安藤忠雄さんが『連戦連敗』（東京大学出版会）という本を書いているが、あれだけの成功者をして、実際の仕事人生は無数の敗北の積み重ねの上に成り立っているものだ。

大体、マスコミで話題になったり、本に書かれたりする話は、大抵うまくいった部分を取り上げるので、そこらじゅうで成功者がうようよしているような錯覚に陥る。しかし現実はその背後に死屍累々《ししるいるい》の失敗プロジェクト、挫折プロジェクトが横たわっている。

そうなると、うまくいかないときや、問題解決が難しい局面で撤退や先送りを上手に行うことは、長い人生を送る上でも、もちろん企業が存続していくためにも、とても重要な

意味を持ってくる。なんせそこで死んでしまったら、次のチャンスはやってこない。挫折を活かそうにも活かせなくなるからだ。

うまい撤退、三つのコツ

そこでいくつかの方法論を紹介しておく。

一つは、撤退基準。あきらめるラインを設定し、心を鬼にしてその通りに運用すること。それは数値的なものでもいいし、前に述べた世の中の「気」のようなものでもいい。

もちろんその基準にヒットするまでは石にかじりついてでも執念深く頑張ることが必須だが、実はそうやって頑張ることと同じくらい、いやそれ以上に、撤退することにはエネルギーがいる。必死に頑張ってやってきたこと、それも仲間や部下を巻き込んでやってきたことならなおさらである。だから「心を鬼にして」やめる必要があるし、そのための心の訓練を日常的な事柄で積んでおくことも重要だ。賭け事や投資、あるいは恋愛でもいい。心の修練が大事である。

それからあなたがリーダー役の場合、物事には失敗が付き物であり、いかなる場合も撤退ありうべしという前提で、退路と撤退のロジスティクスを秘かに準備しておくことは、リーダーとしての必須の責任である。

背水の陣とか、捨て身の奇襲とかは、一世一代の大勝負のときしか許されない。織田信長は桶狭間の奇襲攻撃で有名だが、彼はそれ以降、一度も捨て身の奇襲戦法は使っていない。これは下士官や兵隊の立場にいるときも同様。逃げると決めたら全身全霊で逃げる能力、余力は残しておかないと、どうでもいい戦いで犬死にすることになる。君子も兵も豹変すべしである。

あえて「決めない」のも一つの手

三つ目には、決断というのは、それを行うタイミングが重要であり、遅すぎてもいけないが、あえて決めないほうがいい、先送りしたほうがいい場合もあることも覚えておくべきである。問題が解決困難な袋小路に入ってしまった場合、それを抜本的に処理するのにかかるコストやリスクと、問題を放置して発生する追加損失とを比べたときに、前者のほうが明らかに大きい場合、むしろ意図的に「放置プレー」にしてしまったほうがいい。判断に必要な情報が時間経過とともに手に入る場合、その情報の価値が、それを待つために必要なコスト（もちろん相手に先行されるダメージ、機会を逸するコストも含む）よりもはるかに大きい場合も同様だ。

負け戦に直面している困難な状況における世の中の決断は、失敗による焦りや問題状況からくるストレスから解放されたいあまりに拙速に決断してしまうケース、逆に決断する勇気がないという理由だけで不合理な先送りをするケースのどちらかが大半だ。わかりやすい例でいうと、国境紛争や宗教対立、あるいは海外で訴訟を受けている状況などは、日本人のリーダーは前者の誤りにはまる場合が多い。逆に組織内部の血が流れるとか、内部の利害対立が深刻な問題については、後者の過誤が起きやすい。的確なタイミングで果敢に決断する能力とともに、先送りすべきものは平然と先送って紛争状態を放置できる人や組織は、挫折や敗北に強い。

これらはいずれも、必死に戦う自分とともに、その自分自身をも客体化して、負け戦になった場合にも備え、冷静粛々と撤退戦を遂行する心の準備のようなものである。いわば「幽体離脱のススメ」みたいな話である。もちろんいきなりそんな心の境地に達することなんてできない。これも小さな失敗、小さな挫折を積み重ねながら学び、作り上げていくものだと思う。

失敗を失敗で終わらせない方法
――「気楽な敗因分析」の勧め

「負けに不思議の負けなし」

失敗するのが嫌ならば、失敗を失敗で終わらせなければいい。そのために重要なのが「敗因分析」である。

私は司法試験に落ちたとき、この敗因分析を徹底して行った。その結果、「勉強に熱中しすぎて、試験の合格という本来の目的を忘れてしまっていた」という結論が出た。それによって勉強の方針が定まり、翌年の試験で合格を勝ち取ることができた。

「失敗学」という学問もあるくらいで、失敗から学べることは非常に多い。むしろ、過程から学ぶという意味では、結果が出たときよりも、結果が出なかったときのほうが、より多くを学べる。というのは、失敗には比較的、はっきりとした敗因がある場合が多いのに対して、成功の多くはいくつかの要因が複合している場合が多く、これという原因を特定することが難しい。いわゆる「負けに不思議の負けなし」である。

だから、はっきりした敗因から、さらにその背景にある原因因子を遡っていくと、結局、自分の何が足りなかったか、さらには自分自身の特徴、得意不得意に至るまで、実に多くのことを知ることができる。

逆に良い結果が出た場合は、そこで満足してその原因を追究したり、振り返ったりすることをしないことが多く、そこまで突き詰めて自分自身を見つめる動機づけは生まれにくいものだ。

もちろん結果を出すこと自体、悪いことではない。成功は自信を与え、次の可能性に挑戦する勇気やエネルギーを与えてくれる。特に勝ち戦は、人間が成長する大変な栄養源になる。そして、できれば、成功からもその要因をしっかりと分析しておくことは望ましい。この姿勢が身につくと、要は「勝って良し、負けてなお良し」で、究極的にはどちらでもいいという考え方ができるようになる。

「都合のいい敗因分析」の勧め

だが、この「敗因分析」というものは、多くの人が苦手としているところだ。というよりも、なるべく失敗は振り返りたくない、という心理が働くのだろう。

この「失われた30年」がまさにそうだった。ビジネスモデルのドラスティックな変革が起こり、自分たちのやり方がすでに時代遅れになっていたことは明白だったのに、誰もがその「失敗」を認めようとしなかった。そして、「為替が悪い」「法人税が高すぎる」「国の規制が悪い」などと外部の要因のせいにして失敗を認めることから逃げていた。いわゆる「インテリ」と呼ばれる人ほど、失敗を誰かのせいにするのが得意だ。


もっとも、誰にとっても失敗を振り返るのは楽しいことではない。そこで敗因分析過程における精神的苦痛やストレスを和らげる方法論として、私自身が使っているものを一つ、紹介しよう。思い切り都合よく、以下のように考えてみるのだ。

過去の失敗した自分は、今の自分とは違う人間、極端なことをいえば別人格だと考えて、自己観察をしてみるのだ。またまた「幽体離脱のススメ」である。この場合、過去の話なので、現在進行形でそれをやるよりも簡単なはずだ。そうすると意外と気楽に自分の馬鹿さ加減や、勘違い度合いを冷静に観察することができる。優れた運動選手はビデオやデータを使った自己観察が上手なのと同じである。

この技を身につける、いや慣れてくると、自分に関する発見が次から次へと生まれてくる。そして改善仮説がいろいろ浮かぶようになる。そうなるとしめたもの。自分自身にかかわる成長のPDCA（計画・実行・評価・改善）を回すことが快感にさえなってくるのだ。

失敗を自分の能力のせいにして努力をするというのはある意味で立派な姿勢だが、それだけでは疲れてしまう。こうやってひとまず過去の自分は過去の自分としてリセットして、「なぜ失敗したか」を客観的に分析することは、過去の自分の失敗について建設的な言い訳を作ってしまうことでもある。それが、ストレス耐性をつける意味でも役に立つのだ。

「メメント・モリ」——勝負はしょせん、時の運だと割り切る

成功の要因の5割は「運」である

世の中を見回して、「なぜ、あいつばかり成功するのだ。それに比べて俺は……」と思うことがある。無力感や焦燥感に駆られるが、ここは耐えるしかない。耐えることが、ストレス耐性をつける一助となる。

このときの考え方として、「世の中、勝負は時の運」と割り切ってしまうのも一法だ。自分には運が足りなかった。あるいは運を引きつける何かが欠けていた。そう思えばいいし、これは、意外と世の中の真理である。

前に「負けに不思議の負けなし」の話を述べたが、私自身、正直に吐露すると、自分の経験でうまくいった仕事やプロジェクトには、ほとんど、自分一人ではどうしようもない外部の力というか、「天の時、地の利、人の和」が結果的に作用した場合が多い。

もちろん成功させるための最善の努力は行う。失敗要因はあらかじめ潰そうとするし、

考え得るあらゆる状況を想定してそこに対応するための布石を打っていく。

ただ、それらの要素は必要条件ではあっても、十分条件ではない。成功に必要な要素の5割程度でしかなく、残りの5割はやはり運なのである。そしてその運があるかないかは、それこそ「運命」としかいいようがない。

実際、親しい成功者に本音ベースで成功の秘訣を聞いてみても、彼らの多くは、運の要素の大きさを語る。「たまたま自分の才能を見抜いてくれる人に出会った」「ある人物と出会うことで浮上の糸口がつかめた」「まったく売れないと思っていたアイデアが、たまたま採用されて大当たりした」といった具合だ。要は人物やアイデアとの「運命」的な出会いというお話だ。

世の中は、「当ててやろう」「売ってやろう」と狙って大当たりしたり、大売れしたりするものではない。多くの人がそう考えて商品やサービスを世に送り出すが、ほとんどは討ち死にする。アイデア不足や努力不足の場合もあるだろうが、多くは運に恵まれなかったのである。似たような商品やサービスが数年後に当たることもあり、やはり運のなせる業としかいいようがない。やはり生身の人間ができることは、「人事を尽くして天命を待つ」ということになる。

悪い運命すら、淡々と受け入れる

運命は、禍《わざわい》も運んでくる。前にも触れたが、私の父は最初の会社が実質破綻したあと、当時、設立されたばかりのトッパン・ムーア・ビジネスフォームに転職し、結果的に経営者として目覚ましい成功を収めた。しかし順風満帆の専務時代に、慢性腎炎による進行性萎縮腎という難病に侵される。完治は難しく、生きるためには人工透析を始めるか腎移植しかない。彼がまだ50歳代のことである。

人工透析となると週に4日以上、数時間にわたり病院のベッドに縛りつけられる。しかも非常に厳しい食事コントロールを受け、水分摂取量も制限される。当時、働き盛りで世界中を飛びまわっていた父としては、極めて厳しい運命である。あの頃の父の年齢に自分自身がなって思うに、おそらく当初は大変な葛藤があったに違いない。

しかし彼はその運命を淡々と受け入れ、レギュラーな出張先の透析病院をしっかり確保し、何事もなかったようにその後も仕事を続けた。そして60代になって一線を退いたあとは、自分が若い頃から大好きだったオーストラリアのケアンズに透析病院を自ら開業してしまう。もちろんこの間、彼は基本的に機嫌良く愉快そうに人生を送っていた。どんな運命も、それをまずは受け止めて、その中で一度きりしかない人生をいかに豊かに実り多きものとして生きるのか。私にとって父は最も身近なお手本であった。

運命を恨む時間そのものが馬鹿馬鹿しい

その父も十数年前に、私の産業再生機構での仕事の完了を見届けるように心臓発作でこの世を去った。今から思うと、彼の人生観の中には「結局、最後はあの世に行ってしまう一度限りの人生。そのことを思えば目の前の運命を恨んでみてもしょうがない。むしろあらゆる運命を受け入れて、その中で自分の人生を切り拓こう」という達観があったように思う。

そう「メメント・モリ」(死を忘れるな)である。丸善の小城武彦元社長に教わった話だが、ユダヤの格言に、人生の最後に自問すべき命題として、「お前はお前自身の人生を生きたか?」という言葉があるそうだ。これも同じような脈絡の言葉であろう。

死はすべての人間に平等にやってくる。メメント・モリの地平に立つと、運命の女神に嫉妬すること自体が馬鹿げてくる。いや、大抵のこだわりや煩悩が実はどうでもいいことだと気がつく。きっと気持ちはぐっと楽になり、物事を見る目は透徹になってくるものだ。

すると世の中の評価とか、他人との比較よりも、自分自身の人生を生きることこそが大切だという、シンプルな真理が自然に見えてくるものだ。苦しい状況で何を選び、何を捨てるかの優先順位も見えてくる。そうなるとストレスの原因の大半を占めるトレードオフや板挟みの苦悩からも解放されるのである。

COLUMN

忙しければ悩まない

何事も徹底してみることで、見えてくるものがある

本章でも述べたように、何もかもがうまくいかないときは「のんびりと時を待つ」のも一案だ。しかし、性格によっては、どうしてものんびり昼寝ができない人もいる。居直れずに一つの失敗で落ち込んでいるような人を見ると、思わずいってしまいたくなるひと言がある。

「悩んでいる暇があったら、とにかく働け」

元も子もないように思えるが、これも真実である。それがどんなに不本意な仕事か境遇かにかかわらず、会社や世の中が与えた役割の中でめちゃくちゃ働いてみる。そうするとどんな仕事でもいろいろな工夫の余地の発見や、そこで働くさまざまな人々との出会いや気づきがある。一生懸命やるほど、一見、ささいでつまらなさそうに見える事柄の中に、仕事や人生にかかわる真実が発見できるものだ。

必死だったからこそ、悩まなかった事業立ち上げ時代

私にとっても、人生や世の中の謎のいくつかが解けたような気がした程度において、国家的な事業である産業再生機構の時代と、大阪でわずか20名ほどの仲間とスタートした携帯電話会社の立ち上げの頃とでほとんど大差なかった。

私は携帯電話会社に出向し大阪に行った際、今思えばよくもあれだけ悩まないですんだものだと自分でも思うことがある。これはおそらく、毎日が自分にとって新しい仕事の連続で、悩んでいる暇がなかったということだろう。

何しろ携帯電話会社の立ち上げなど、誰もやったことのない仕事である。「携帯電話会社」という業種自体、それまで存在していなかった。当時の携帯電話は自動車電話が中心で、すべてレンタル方式だった。それを売り切り方式にするのだから、売り方にしろコマーシャルの打ち方にしろ、すべてゼロからの手探りでのスタートである。

販売体制を作り、販売代理店を作り、物流拠点を整備する。さらにコンピュータを使って情報システムを構築するなど、やることはいくらでもあった。会社を立ち上げたのは1992年で、開業は1994年と決まっていたから、泣いても笑っても2年間でやるしかない。

時間の少なさ、前例がないという不安、一部の社員たちとの衝突、前途に立ちはだかる問題はいくらでもあった。こうなると、もう悩むとか悩まないといったレベルではない。解決に向けて、必死にやるしかない。

逆にいえば、必死にならざるをえない状況のほうが、よけいなことを考えずにすむ。悩むのは「うまくいかないのではないか」と考えてしまうからだ。これは生産的ではない。悩む暇があれば、「やるしかない」の覚悟で行動する。失敗しても、挫折に打ちのめされる暇があったら次の手を打つ。そうすればいずれ、活路を見出すことができるのだ。

「昼寝」も「がむしゃらに働く」のも、いずれもその心境はいわば「無心」である。その瞬間、いろいろな煩悩とか、後悔とかの雑念は吹き飛んでいる。何せ挫折して失うモノは何もない状態だから、雑念が吹き飛んだあと、あなたの五感は、きっと透明で世の中をありのままに洞察できるようになっているはずだ。そうすると仕事や人生、そして自分自身について、いろいろなことが見えてくる。

第3章

「人間関係の泥沼」を楽しみ、糧にする

人は結局「性格とインセンティヴの奴隷」
——負け組組織で展開される人間ドラマ

危機に陥った組織での「人間関係の泥沼」は避けられない

大変革に迫られた企業の中では、さまざまな問題が噴出する。社内ではさまざまなうわさが飛び交い、足の引っ張り合いが行われる。直面する危機が大きければ大きいほど、その裏側でドロドロした人間関係の泥沼が展開される。

その際、リーダーがどのように問題に対峙するかによって、人間関係がさらに悪化して崩壊していくか、危機をバネに結束力がより強まるかが決まるといっていい。

例えば、昨日まで素晴らしい正論を吐き、「この会社のために自分は身命をなげうつ覚悟だ」といい切っていた人物が、あっさりと競合他社に転職してしまったりもする。経営陣も同様で、典型的なのは、経営陣の一人として銀行から個人保証を求められたとたんに逃げ出すケース。私はこんなシーンを30代の頃から何度も見てきた。

ただ、よくよく事情を聞いてみると、本人の家庭の事情、家族の反対といった、当人には当人なりの事情があるものなのだ。「会社のために身命をなげうつ」といった言葉にも偽りはなく、そのときは本気でそう思っていたのだ。

人は「弱いもの」である

古くから人間観に関して、性善説か、性悪説かという議論がある。しかし、厳しい状況にあってほとんどの人間が剥き出しにするのは、「性において弱い」という本性だ。そう、リーダーは「性弱説」に立って人間を見つめるのが私は正しいと思う。

それでは何に弱いのか。まず一つ目は性格だ。人間は誰しも、性格という、自分自身ではコントロールが困難な心理因子を持っている。人間の実際の判断や行動は、特に挫折に直面するような勝負どころでは、まさに「性格」に支配されてしまう。

もう一つは、インセンティヴ、すなわちその人にとって何よりも大切な事柄にかかわる利害損得である。自分自身の動機づけの体系といい換えていいかもしれない。ある人は出世かもしれないし、またある人はお金かもしれない。まわりの人間との関係性を良好に穏便に保ち、自分が孤立しないことが何よりも大事な人もいる。もちろん家族の生活、特に子どもの人生にかかわるような話（自分がリストラにあって子どもが進学をあきらめなくてはならないような話）になれば、多くの親は牙を剥いて抵抗するだろう。

工場引き渡しを工場長が妨害……その背景にあったものとは？

以前、こんなケースがあった。ある会社のリストラにからんで、工場の売却を決めたのだが、その引き渡し期日が近づくと必ず何か問題が発生することが何度か続いた。新たな土壌汚染が見つかるとか、建物の耐震耐火問題が発覚するとかで、引き渡し日が延びていく。どうも地元出身の工場長が怪しいと考え、彼の周辺を調べてみた。するとお嬢さんの結婚式が近いという。大事な一人娘の親として、地域の名士である「△△会社〇〇工場長」として出席することが、人生の総仕上げと考えていたのだ。そのためには、工場の引き渡しが結婚式の前では困るという事情だったのだ。

あらかじめ正直にいってくれれば、こちらもいろいろと配慮のしようがあったのだが、そこは元一流企業のサラリーマン。工場長も表立ってはいいにくかったのだろう。

人が裏切ったり、ネガティヴな行動に出る背景には、大抵、この手の事情がある。寅さん風にいえばいわゆる「訳あり」だ。

その訳は、単なる自分のエゴというよりも、何か別に大事なこと、守りたいことがあって、その場では悪事を行わねばならないケースのほうが多い。一人娘の結婚や、思春期のお子さんがいろいろと悩んでいることに、親として精一杯のことをするのは、まったくもって善である。

これに対し、「工場長としてその職責を優先するのが当然」というのは簡単だ。しかし会社も、仕事も、一人の人生にとってみれば、幸福になる道具に過ぎない。そんなきれいごとでは、世の中も人生も動いていかない。鬼平犯科帳の長谷川平蔵ではないが、「人間というものは、良いことをしながら、悪いことをしている」ものなのだ。

むしろ、善良なる動機づけできれいごとの夢物語に向かって走っていくと、多くの人々がかえって不幸になることも少なくない。マキャベリも同趣旨のことを語っているが、むしろ人間世界の大きな悲劇は、無垢なリーダーの善良なる動機づけに端を発している場合のほうが多いのだ。

結局、どんな格好のいいことをいっても、難しい議論を展開しても「人はやはり性格とインセンティヴの奴隷である」のだ。私自身も含めて。

したがって大抵の人間が、この二つに支配されて行動することを理解するのは、リーダーが人間関係の泥沼を生き抜くための基本的な知恵となる。コンピュータにたとえると、人間にとって知識や知性、あるいは道徳や倫理といった高尚な事柄は、性格とインセンティヴというOSの上で動くプログラムに過ぎないのかもしれない。しかも仕事環境、家族環境、あるいは年齢や健康状態によって、特に動機づけ要因のほうは一人の人間の中でも変化していくので、このOSは不安定で取り扱いの難しい代物なのである。

本章ではこの前提に立った上で、リーダーが泥沼化した組織を引っ張っていくための方法論について述べていきたい。

気まぐれで勝手なのが「人間」というもの
――多様な人材をまとめるコツとは？

多種多様な人を束ねることが求められるのが、現代のリーダー

同じ会社、同じ部署でずっと働いてきたからといって、相手のことを十分に理解していると は思わないほうがいい。育ってきた環境や年齢、性格によって人の考え方は十人十色だからである。

これが他部門や他社となるとなおさらである。私がかつていた携帯電話会社は、さまざまな会社からまったくバラバラの業種の人が集められた、寄せ集めチームだった。昨今では同様に、買収や合併により突然、別の会社の人たちと同じチームとして働くようなケースも増えている。さらに、パート・アルバイトや派遣社員といった異なる労働形態の社員や、日本人以外の社員も増えている。

今のリーダーには、こうした多様性の高い組織をまとめていくことが求められているのだ。

このような組織において、何もしなくても人間関係がスムーズにいくことなどまず、あり得ない。では、どうすればいいのかというと、まずは、それらの人々の「クセ」を見抜くことが重要だ。

相手の「クセ」を見抜くことが、相互理解の第一歩

例えば鉄鋼メーカーには、鉄鋼メーカーの思考のクセがある。商社には商社のクセ、電機メーカーには電機メーカーのクセがある。皆自分のやり方が普通で、正しいと思っている。用語一つとっても、業種によって解釈はまちまちである。例えば「長期」というと、鉄鋼メーカーの人は20年、30年単位を考える。一方、商社の人、市況商品の貿易にかかわってきた人などは、10年でもはるか先のことのように感じ、彼らの「短期」は「今日」を意味する。同じ日本人とは思えないほど、頭の中身が違うのだ。当然、話は噛み合わない。

一人ひとりを見ても、すでに定年間近の人もいれば、入社まもない若者もいる。大会社からの出向もいれば、派遣で来た人もいる。個々の抱える背景もキャリアも能力も、まったく異なるのだ。こうした個々の特性を知らなければ、組織を動かすことはできない。

この経験は、産業再生機構での仕事に大いに役立った。あらゆる業界、業種、規模の企

業の再生を手がけるにあたっては、まずはその企業の社員の思考のクセを見抜くことが必要になるからだ。

これは一つの会社内でも実は重要だ。営業、製造、経理などの各部門によって、使う言葉や立場はまったく異なってくる。それら他部署の人の思考のクセを知らなければ、社内でコンセンサスが取れていたと思っていたことが実際には取れておらず、思わぬ失敗をすることがある。

産業再生機構自体、銀行員、コンサルタント、会計士、投資ファンド、弁護士、労働組合、官僚など、非常に多様なバックグラウンドの人たちの寄せ集めだった。当初は、そこから起因する軋轢や内部対立は日常茶飯事だった。幸いCOOである私自身は、それまでに同じような状況でいろいろと「痛い」経験をしてきたのと、これらの職種の多くを自分自身で体験していた。だから組織内部が対立から協調、団結へと転換するプロセスは、ほぼ予想通りのシナリオでハンドリングすることができた。

いい面も悪い面も含めて、その人のことを「好き」になれ

おそらく肝心なのは、「相手に興味を持つ」ということなのだと思う。相手に興味を持

てば、当然そのクセも見えてくる。かつては仕事後の飲みニケーションや、いわゆる「タバコ部屋の会話」でコミュニケーションを取ったものだが、現在はなかなか難しくなっている。だが、その気になればコミュニケーションの機会などいくらでも作ることができるはずだ。

こうしてコミュニケーションを取った結果、相手のことがいい面も悪い面も含め見えてくるはずだ。このとき、ある意味ではいい加減な部分やダメな部分を含めて、人間を好きになることが「理解」への第一歩だ。

アメリカ先住民には、「愛するということは、相手を理解すること」という意味の言葉があるそうだ。好きになれば好奇心が湧いてくる。どんなに嫌なやつでも、好奇心を持って観察すれば、その裏側にある人間の切ない部分、愛すべき弱さが見えてくる場合がほとんどである。それがわかれば、その人間は、もう半分あなたの手中に落ちたも同然である。

組織の問題児は、覚悟を決めて「力」で排除する
――リーダーは時に鬼となれ

優秀なのに働かない社員、その理由とは?

相手のことを理解するためには、「相手に関心を持つ・好きになる」ことが重要だと述べた。しかし、残念ながら、自分が相手をいくら好きになろうとしても、相手がその気持ちに応えてくれるとは限らない。それほど人間関係というものは単純ではない。

だからといって、組織の「問題児」を放置していると、その毒は組織全体に回りかねない。リーダーは時に、果断なる手を使う必要も出てくる。

携帯電話会社の立ち上げで、ある大手メーカーから出向してきた人がいた。キャリアもあり、さほど無能には見えない。にもかかわらず、まったく働く意欲がなく、むしろ積極的にサボっているように見えた。それなりに能力があって、それなりに責任のあるポジションにいた上に、そこそこ弁もたつのでよけいに始末が悪い。誰が見てもその人がいなくなっ

たほうが、仕事は前に進む状況であった。

彼の行動が腑に落ちなかった私は、タバコ部屋や飲み会も駆使して、本人自身を含むいろいろな情報ルートから情報を集める努力をした。そしてやがてわかったのだが、彼はこの会社に来たこと自体が不満だったのだ。

大手メーカーにいた彼からすれば、立ち上げたばかりで、海のものとも山のものともわからない携帯電話会社への出向は気に入らなかった。現在と違い、90年代初頭の携帯電話は「バブル時代の徒花《あだばな》商品」といわれ、一部の人だけが使う特殊な道具と思われていたのだ。

早く出向元に戻りたい彼としては、ここで成果を上げて余人をもって代えがたい存在になっては困る。早く追い返されるよう、あえて働かないようにしていたのだ。家庭内にも問題を抱えていて、そのため早く東京に帰りたいという事情もあったようだ。一方で、わりと淡々としたシニカルな性格の人で、東京にさえ帰れれば、自分の評価が下がったり、ポストが格下げになったりすることも、あまり気にしない感じだった。

この手の高学歴インテリ系の、しかもいい年をした一流企業の社員は、自分の価値観や家庭の事情も含めた「本音」については、よほど追い詰められない限り、自分からは吐露しない。それよりも「皮肉屋」になって、賢げな外見を取り繕いながらサボるほうを選択する人が圧倒的に多い。

どうしようもないときは「人を刺す」ことも必要

こうなるともう、目指している方向が違う以上どうしようもない。もちろん説得するという手もあるだろうが、事業の立ち上げという忙しい時期に、たった一人のために使える時間は限られている。それに背景事情を知れば知るほど、彼はまさに性格とインセンティヴに忠実に行動しているとしか思えない。

結局、彼については、タイミングを見計らい、彼に起因する明確な失策が表面化したときに、トップに直訴することにした。社長に「かくかくしかじかの理由で、彼は使いものにならない」と進言し、出向元に帰ってもらうことにしたのだ。もちろん、こういう「人を刺す」ような行為はある意味、悪辣な行為である。組織運営上も、また私自身の中間管理職としての政治的な立場を守る上でもリスクを伴う。

だから彼が問題児であることは社内の一つの空気にはなっていたが、社長への直談判は、ひそかに直接やって、できるだけ外には漏れないようにした。もちろん、私自身は沈黙を守り通した。それでもこういうことは、どうしても滲み出るもので、その後、私を警戒する幹部社員、批判的な人々は増えたようである。ただ、そういうマイナス面を覚悟しても、組織全体の目的達成とその本人自身の幸福にとって、あの時点では、彼を「飛ばす」ことが正しいというのが私の判断だった。

事業や組織がだんだん一つにまとまっていくのは、やはり気持ちがいいものである。苦戦しながらも、それを乗り越えてきたという自己実現感も得られる。やがて、そこで働く人同士の連帯感も生まれてくる。

ただし、どんなに頑張っても、全員を同じ船に乗せたまま幸せにできるとは限らない。先の大手メーカーから来た社員のように、降りてもらわねばならない人が出てくることもある。そのときは「力」の行使を躊躇してはならないのだ。

その際、降りてもらう人、降りてもらうタイミング、降ろし方をうまく演出できれば、組織全体の結束力を高め、エンカレッジできる場合もあるのだ。

極めて日本的な「説得の技術」

――「51対49」になるまで根気強く繰り返す

リーダーの思いや危機感はなかなか伝わらない

どんなに厳しい状況に追い込まれていても、日々の仕事が何とか回っているうちは、現場にはなかなか危機感が生まれにくいものである。そんな中、リーダーの自分が抱えている危機感をどのように伝えればいいのか。

自分としてはまっとうだと思っている考えを、どうやって組織の壁、人間関係の茂みを越えて浸透させていくか。私なりに数々の失敗から会得した一つの方法論を、やはり携帯電話会社のケースを題材に紹介しておく。

どんな事業であれスタートダッシュは大事だ。すでにお話ししたように、最初に赴任した大阪の会社もいろいろなことはあったが、販売代理店網の整備や開業キャンペーンなど諸々の仕掛けに力を入れ、俳優ハリソン・フォードを使ったCMはかなりの評判になった。

同じグループ内でも、我々が手がけた関西地区が一番調子が良かった。最初の半年ぐらいは特に、すべてが順調に進んだ。

その後、私自身は他の地域を転々と移り、グループ会社を順次開業させていくことになった。これは関西地区でうまくいった点や問題点を洗練させていく作業で、比較的順調に仕事は進んでいった。

そして開業から3年たった頃、あるグループ会社において、これまでのやり方を見直す必要が出てきた。創業時の戦略が、マーケットの成長ステージが変わったことによって変更を余儀なくされてきたのだ。

販売会社で迫られた「戦略の大転換」

携帯電話の戦略技術は、4P（プライス、プロダクト、プレイス、プロモーション）、つまり「料金体系をどうするか」「端末機や通信ネットワークをどうするか」「販売チャネルをどうするか」「広告宣伝をどうするか」で決まる。それぞれを組み合わせて戦略を立てていくが、それにはまずターゲットと訴求ポイントを決めることが大事になる。新たな市場が立ち上がるときは、とにかく新市場を訳もわからず取り込もうとするスピードゲームだ。しかし、安定成長フェーズに移ってくると、もっと戦略的に整合した取り組みが必要になるのである。

先に立ち上がった男性のビジネスマンマーケットは、すでに先行事業者であるドコモや当時のＩＤＯの牙城。我々は、社内の改革派の連中と一緒に、かつてのポケベル世代を卒業してくる20代女性に思い切りターゲットを絞ることを提案した。典型的な挑戦者型の戦略である。幅広い顧客層を取り込んでいる先行事業者は、あまりターゲットを絞り込んだ戦略は取りにくいだろうという読みもあった。

この層の携帯電話へのニーズは、彼氏や友達と話したり、遊びの相談をするといったものので、どちらかというとオモチャに近い。そのようなパーソナルユースに絞り込むことにしたのだ。若い女性が支持してくれれば、そのまわりの若い男性もついてくるとも考えていた。

エッジを利かせた、かつてのソフトバンク（実はこの東京の会社が、Ｍ＆Ａを繰り返して今のソフトバンクになっている）に似た戦略といっていい。かなり思い切った戦略だったが、ブランドイメージの劣化や、新規契約数の伸び悩み、解約率の増加などに悩み始めていた当時の経営陣は、この営業マーケティング戦略をひとまず採用してくれた。

対象を絞り込めば、必然的にネットワークや料金体系、端末機の仕様、コマーシャルの打ち方なども決まってくる。具体的には、テレビCMをかなり尖ったお洒落なトーンのものにしたり、社名をJ-フォンに改めるなどのマーケティング施策を展開した。販売も怪しげな売り方をする販売代理店は切り捨て、明るく安全な場所で買えるようにJ-フォンショップと家電量販店を中心にした。

さらに女性のメール好きを見越して、スカイウォーカーという携帯メール&インターネット接続サービスの開始も決めた。インターネット接続というとNTTドコモのiモードがよく知られるが、携帯電話会社で一番最初に始めたのは実はJ-フォンなのである。

人は、イナーシャに縛られる

しかしこの戦略は、それまでそこそこ成功していた開業戦略からは大きな転換である。4P全部をいじるというのは、会社のほぼすべての部門に影響を与える。当然、社内のあちこちで抵抗や反発が起きる。組織には必ず従来のやり方のイナーシャ（慣性）が強く存在するものなのだ。しかも4Pというのは、全部揃って初めて機能する。特に通信ネットワークの整備や新しい端末の開発、インターネット接続サービスの開始には、年単位の時間がかかる。それまでは、組織の抵抗感や、新しいやり方への不慣れによる試行錯誤もあって、一時的に業績は低下する。

そうなると私たちへの風当たりはすさまじい。非難囂々《ごうごう》である。当然、経営陣も不安を感じ始めるし、株主もいろいろと文句をいいだす。

しかしこういう改革は、絶対に途中でぶれてはダメ。4Pが出揃うまで頑張り通さないと、元の木阿弥《もくあみ》である。

とにかく「耐える」。それが正解

このとき改革推進派が取った行動は、「ひたすら耐える」というものだった。文句をいいたいだけ、いわせておく。それまでの実戦経験と市場の最前線の変化を身をもって感じていた私たちは、新たな戦略の正しさを信じていた。まさに針のむしろの毎日だが、悪びれず、愚直に、各部門にひたすら「お願い」を続ける。あるときは、事実と論理に立脚し、またあるときは情に訴えて。そうやって従来のやり方を「大きく逆戻りさせない」ということに力を注いだ。押し問答や小競り合いも続けながら、ごまかしごまかしやっていった。

こうした場合は、自分は明らかに正しいと信じていても、「白黒をつけよう」と短気を起こすのはむしろ逆効果のようだ。議論に勝っても状況が変わるわけではないし、負けたらそれで終わりだ。

こうして粘り強く耐えているうちに、味方が一人ひとり増えていく。つっけんどんな態度だと、こちらへの反発が怨念や憎悪に変わりかねないが、相手の意見に同意しなくても、話だけはとにかく一生懸命に聞いているうちに「あなたも大変ですね」などと、共感が生まれてくる。

会社の会議室だけでなく、もちろん飲みニケーションも大事。そうして「それでも地球は回っているんです」と語りかけながら、事態が好転するのをひたすら待ったのである。

「半数」を超えた瞬間、シーソーは一気に傾く

日本の組織の行動様式はシーソーに似ている。集団の調和を重視し、空気の支配の影響下にある日本人を中心とする組織は、一定以上の人数が宗旨替えを明らかにすると、あとは付和雷同的に同調する場合が少なくない。尊皇攘夷から勤皇開国へ、軍国日本から民主日本へと、良くも悪くも、多数派が雪崩をうつように宗旨替えして、シーソーが反対向きにパタンと倒れてしまう。

そして最初の何人かから始まる「宗旨替え」について、一回の劇的な演説や説明で一気に考えが変わるということも日本人の場合、めったにない。長期間にわたり、念仏のように何度も何度も囁《ささや》かれ、訴えられているうちに、「情」と「理」が絡まりあいながら腹に落ちていくというプロセスを踏む場合が多い。

結局、コツコツと一人ひとりオルグを続けることがカギなのだ。そして説得できた人の数が少しずつ増えて、やがてシーソーをひっくり返すのに十分なところまでくる。最初は1対99で始まったシーソーゲームが、50人を超えたとたん、シーソーは、ガーッと動き出す。表に見える劇的な転換の裏には、そういう地道なオルグ戦の積み重ねがあるものだ。

Jフォンのときも、苦しい状況をオルグ活動でしのぎながら、4Pが出揃うまで耐え忍んだ。結果、2年ほど経過した時点で、業績は上向き始める。藤原紀香を起用したキャンペーンが大ブレークしたのは、まさにその頃である。すると組織のシーソーは一気に逆向きに倒れる。抵抗勢力だった人々も、突然改革派に早変わり。あの改革もこの改革も「俺が仕掛けた」といい始める。こうなったらしめたもの、改革は加速する。その後、この会社は新規顧客獲得数で一時、業界トップに躍り出るところまで躍進した。

この方法論においては、組織内の立場の上下はあまり関係ない。要は自分に有利な「空気」を作るゲームだから、それは中間管理職的な立場でも、場合によっては現場の一兵卒でもその気になれば可能。歴史の転換点で大きな仕事をした人に、権力を手中にする前、すでに重要な業績を成し遂げている場合が少なくないのもうなずける。

逆にいわゆる頭のいい人、高学歴インテリ系の人は、こういう愚直で地道なオルグ活動が苦手。論理による説得に失敗すると、「あいつはバカで理解できない」「こんな経営者、こんな人材ではダメ」と早々とあきらめてしまう。単なる評論家やコンサルタントならこれですむが、現実経営の中で生きていく場合には、そうはいかない。

ある意味、バカになって「それでも地球は回っている」と説得を続けなければシーソーは倒れないのだ。

いわゆる「抵抗勢力」を切り崩すリアルな方法
――正面突破ではケガをする

抵抗勢力は分断し各個撃破せよ

自分の意見を通すには、人とぶつかることを恐れてはいけない。だが、やみくもにぶつかれば不用意に敵を作ることになる。これは時間と労力の無駄である。

そうした意味では正攻法だけでなく、外堀を埋めるように徐々に、相手を追い詰めるコツを習得しておくことも必要になる。

ここで大事なのが、味方作り、あるいは敵減らしである。特に組織を変えたい、そのために軋轢が生まれそうだというときは、まず味方作りに励む。

例えば会社を改革したいなら、その改革によって得をするであろう人を探す。そして、その人を先に味方にしておく。あるいは、その改革で損をするのではないかと勘違いしている人たちにも、早め早めにその心配がないことを伝え、敵になることを未然に防ぐ。

次に行うべきは、抵抗勢力の分断だ。抵抗勢力と一口にいっても、彼らは一枚岩ではない。それぞれに利害があり、いくつかに大別できる。

例えば抵抗勢力が全体の半分でも、いくつかに大別していけば、それぞれのグループは全体の1割、2割程度になる。味方が5割、抵抗勢力それぞれが1割ずつとなれば、あとは個別撃破すればいい。

ある1割の抵抗勢力を攻撃するときは、残る4割の抵抗勢力には攻撃を加えない。あるいは4割の人たちには、トータルでダメージにならないパッケージを用意する。すると彼らの大半は、傍観側にまわる。一部は抵抗勢力に味方するかもしれないが、こちらの味方になる抵抗勢力も現れる。結局、数の論理でその抵抗勢力を粉砕できる。

こうして抵抗勢力を分断し、一つひとつを個別撃破していけば、抵抗勢力が半分いても勝利できる。いわゆるランチェスター戦略の組織内権力闘争への応用である。

抵抗勢力粉砕のコツは「固有名詞を敵にしない」

また抵抗勢力の大将首は、無理に狙わないほうがいい。抵抗勢力のトップを組織のガンと定め、トップの粉砕を企図するのはよく見られる方法だが、危険である。狙われたトップは自分の身を守るために必死となり、抵抗勢力を結集させる。そうなると事態は泥沼になり、改革も頓挫しかねない。

これはできるだけ固有名詞を敵にしない、ということでもある。「○○部長が組織のガン」「××常務を打倒しなければならない」などと特定の人物を攻撃すると、攻撃された相手は頑《かたく》なになる。彼が中心となって抵抗勢力をまとめ、一大脅威となりかねない。

その意味で、かつて小泉純一郎氏が首相時代によく用いていた「抵抗勢力」とは便利な言葉だ。誰と特定していないので、個人を批判したことにならない。戦況不利と見て、「君子豹変《ひょうへん》」すれば、自分は抵抗勢力ではなくなる逃げ道を作ってあげる効果もある。人ではなく「ある勢力」を問題視することで、抵抗勢力をまとまりにくくさせるのだ。

『孫子』『君主論』は今でも色あせない教科書

こうして抵抗勢力を分断しておいた上で、そのトップを「懐柔しておく」というのも手だ。この点でも、何度か例に挙げている明治政府のやり方はうまかった。武士階級を解体するにあたって、下級武士たちの不満を無視する一方で、大名たちを華族という立場に持ち上げるという分断と懐柔を行った。これにより家臣団をトップから切り離し、彼らを解体していったのだ。

こうした抵抗勢力をいかに片づけるかについては、歴史から学べる部分が大きい。変革の時代、「有事」において権力がいかに行使されるべきかを勉強しておくと、実際に役立つことも多い。東洋においては『孫子』、西洋においては『君主論』は、そのための素晴らしい参考書である。

本当に信頼できる味方の見つけ方
――エリートほど「お調子者」に騙される

気がついたら「そして誰もいなくなっていた」ことも

このように味方作りは大事だが、誰でもいいわけではない。味方にも選び方がある。特に最後まで生死を共にする共闘者を選ぶには。

まず、出会ってすぐ意気投合したような顔になり、「やりましょう」という人間は信じないほうがいい。こういう人間は、お調子者に過ぎないことが多いのだ。状況が悪くなったとき、すぐに離反する。その場の勢いで「やりましょう」となっても、こちらに勢いがなくなれば、勢いがありそうなところに乗り換える。

挫折を知らず、エリート集団の中で育ってきた優等生ほど、こうした人に騙されやすい。物事が成功裏に進んでいる限り、お調子者はその本性を現さないからだ。そのため、そうした人を見抜く能力も養われない。そしていざ問題が起きたとき、自分のまわりに誰もいなくなっていることに気づくのだ。

本当に信頼できる仲間とは「修羅場を一緒にくぐった仲間」

信頼できる関係とは、何度も修羅場をくぐりながらも壊れなかった関係である。それでも離れなかった人こそが、真に信頼できる仲間である。

裏を返せば、挫折を経験したときこそ、人間関係の真実が垣間見えるときであり、真の信頼関係を構築できるチャンスだということだ。

困難な仕事をしていれば必ず、「ここで自分が抜ければ、自分だけは助かる」「自分だけはラクになれる」という状況が出てくる。そこで逃げずに戦うことから、本当に信頼できる仲間は得られる。そういった意味でも、挫折は重要なのである。

ちなみに私は、相手をどこまで信用できるかは二つの変数からなっていると考えている。一つは「その人物が人間的にどこまで信用できるか」、もう一つは「その人の置かれた立場がどこまで信用できるか」である。この二つを掛け合わせた関数式で、どこまで信用できるかが決まってくる。

人間性としてはある程度信用できる人でも、その人の置かれた立場が不安定なら、信用力にも限度がある。「ここまでの約束は守れるだろうが、それ以上は無理」といったことが読めてくる。何せ人間は性格とインセンティヴの奴隷だ。性格的、人格的な方向性とインセンティヴが一致している範囲でしか、難しい局面では頑張りきれない。

逆に、あまり信用できない人物でも、責任ある立場にいるなら、かなりのところまで約束は守るだろう。それが彼のインセンティヴ構造上は理にかなっているからだ。ただ、その人を信用できるのはそこまでだ。

簡単に「あんたに惚れた！」などという人を信用するな！

もちろん、およそまったく信用できない人間もいる。そんな人間は、いちいち相手にする必要はない。十人に一人くらいはいると割り切るしかない。

この手の人間を見極めるのには、とにかく言葉よりも行動を注意深く観察することだ。きっとあなたに「いいこと」をいうぶん、あなたの悪口をよそでしゃべっている。耳を澄ませばそれは必ず聞こえてくる。

時には、格好の裏切りの餌をちらつかせてみよう。そのうち必ず食いついてくる。入り口段階では、とりあえず以下の類型に要注意だ。

●あなたが勝ち組にまわったとたんに、ニコニコ顔で近づいてくるやつ

●あなたがピンチのときに、とても甘い特効薬を囁き、逆に苦い薬を勧める人の悪口をいうやつ

●初対面から「あなたと意気投合した！」とか「あんたに惚れた」とか軽々しくいい放つやつ

産業再生機構時代、いろいろな政治家と結構きわどい問題で深刻にかかわらざるをえないことがあった。テレビで素晴らしいことをいっている政治家が、自分の選挙区事情（例えば有力後援者）がかかわる問題になると、信じられないような言葉を吐いたり、露骨な圧力をかけてくるようなことを、与野党を問わず体験した。「ここは引き下がるが、月夜の晩だけじゃないからな」「江戸の敵を長崎でということもあるんだぞ」のような趣旨のことも、直接、間接に何度かいわれた。実際、他の抵抗勢力と結託して、一部のメディアにも働きかけて私の首を狙ってきたこともあった。

逆に、一般的には悪役イメージの政治家が、ややこしい問題において筋を通してこちらの味方をしてくれることもあった。そういう人は大抵選挙にも強い人である。そう、政治

家にとっては、何がなくともまずは選挙に通ること。だから当選という圧倒的なインセンティヴの前には、とりあえず天下国家も、国益もいったん棚上げになる場合が少なくないのだ。

これは企業経営者やサラリーマンだって、似たような構造にはまっていれば、起こり得る話である。

リーダーに問われる「悪いことを伝える技術」

――きれいごとだけ語る人は信用されない

昨今は「調子のいい話」はすぐに見抜かれる

人間関係の泥沼を渡っていく際に必ず求められるのが、「いかに悪いことを伝えるか」という能力である。

これが美しい未来なら、語るのはたやすい。例えば政治家なら、「美しい日本」「最小不幸社会」などというのは簡単で、誰にでもいえる言葉である。だが、残念ながら、現在のような有事の時代には、痛みを伴う改革が不可欠。つまり、誰かに「申し訳ないが、あなた方には犠牲になってもらいます」といわなければならない。そこがリーダーとして、最も問われるところである。

例えば国家財政の問題でいえば、今の調子で社会保障給付を増やしていけば、国家財政がもつわけがないことは、国民もバカではないから十分わかっている。生産年齢人口が猛烈な勢いで減少する国で、成り行きの経済成長によって社会保障給付を負担するなど絵空事だ。財政出動したところで一時的なもので、10年、20年という長期的な成長にはならない。

そこで政治家が調子のよい話だけをしても、誰もついていかない。逆に、真実をいわない為政者として、疑いの目を向けられるだけである。

実際のところ、有権者に「財政再建のために消費税を増税すべきか」とたずねると、6割ぐらいは「増税すべき」と回答する。国民は社会システムの変革のために、受け入れるものは受け入れるという姿勢を持っているのだ。

リーダーの危機感は、社員もうすうすは感じているもの

会社も同じである。会社を潰さない。リストラも事業売却もしない。成長もする。福利厚生も行う。そんなきれいごとばかり並べる社長は、不信感を持たれるだけである。机上の計算で成り立っても実際にありえないことは、日々の現実を体感している社員にはすぐにわかる。「そんなおいしい話あるわけない」と思い、社員の心はリーダーから離れていく。

社員にしても、リーダーに比べれば多少楽観視しているとはいえ、おおよそのところはわかっている。「どう考えても、自分はこの会社で給料ぶん働いていない」「会社の今の業

績で、給料が払い続けられるだろうか」などと思っている。にもかかわらずリーダーが真実を伏せ、美しい話しかしないのでは社員はリーダーを信じない。

改革のために人の心をつかもうと思ったなら、きれいごとばかりでは通用しない。いまだ多くのリーダーは、きれいごとをいっていれば社員は安心すると思っているが、社員はそうではない。このギャップにリーダーは気づかなければならない。

「悪いニュースを伝えない」のは保身に過ぎない

このことは、個人と個人の関係でも同じだ。悪い情報、耳の痛いことを、本当に大事な局面で伝えてくれる友こそが、本当の友である。一緒に仕事をしていて信ずるべきはそういう仲間である。

結局、悪い話を伝えられない真の理由は、相手への思いやりでも気遣いでもない。伝えたときの反発、混乱、それに対応することの面倒くささ、そして何よりもそのせいで自分の立場がただちに危なくなることへの恐怖である。要は当座の自己保身が、悪いニュースを伝えない本当の理由なのだ。

しかし、そうやってごまかしていてもしょせんは問題の先送りに過ぎない。結局、将来、より大きな悲劇に、社員も、友人も、そしてあなた自身も見舞われることになる。私自身、そうやって身を滅ぼすリーダーやサラリーマンを何人も見てきた。

ここはテクニックうんぬんではなく、いうべきことは、手遅れになる前に正直に伝えてしまうということに尽きる。もちろん反論されたり、抵抗されたりすることはあるだろう。だがそれを乗り越えないことには、どんな改革も前には進まないし、本当の信頼関係や友情も築き上げることはできない。

反対に、リーダーにとって本当に大事な〝悪いニュース〟は、いつも遅れて、しかも小さめな話としてしか、下から上がってこないことも肝に銘ずるべきだ。部下にとってみれば、自分に不利な情報、自己保身にマイナスな情報を、自分を評価する立場にある上司に上げたくないのは、当たり前である。

COLUMN リーダーが身につけるべき「教養」とは何か？

教養とは「技法」。使えなくては意味がない

リーダーたるもの、「教養」を身につけよということをよくいわれる。巷には『一冊でわかる教養』といった書籍もあふれている。では、そもそも教養とは何なのか。

教養とは「リベラルアーツ」の和訳である。そう、「アーツ」、つまり「技術」「技能」なのだ。知っているだけではなく、使えなくては意味がない。教養とは単なる「うんちく知識」とは違う。

例えば、シェイクスピアは読むべき古典だが、単に作品名とあらすじを知っているだけでは意味がない。シェイクスピアの作品には、今にも通じる普遍的な人間の葛藤が描かれており、また、当時の時代背景を前提とした価値観の衝突が描かれている。これは現在でもそこかしこで起きていることである。今、目の前で起きていることに対し「これはシェイクスピアのあの作品におけるイングランド王の状況と同じだ」と認識し、それを自らの的確な対応に結びつけられるか。それが重要なのだ。

あるいはマックス・ウェーバーを読むにあたって、そこに何が書かれているかを知ることも、実はあまり重要ではない。むしろ、卓越した洞察に到達した彼の思考体系を知ることこそが重要だ。一例を挙げれば、ウェーバーの思考体系の特徴の一つは、価値選択の問題と事実認識の問題を峻別《しゅんべつ》すべきだということにある。人はある事実を見るにあたって、自分の中の価値判断のメガネを通してそれを見てしまいがちだ。簡単にいえば、自分の都合のいいように物事を解釈する。そんな価値判断のメガネを外し、社会で起こっている事実をありのままに見ることが重要であり、それが科学だということが、ウェーバーの思考体系を貫く軸となっている。

もちろん、本当の意味で人間が完全に価値と事実を峻別できるかどうかは議論の分かれるところだが、この考え方は経営者としてのものの見方、考え方においても十分に有効性を発揮する。日本の「失われた30年」も、時代が変わってしまったという事実を見ようとせず、都合のいいように事実を解釈したからこそ起こったことともいえる。

「言語」能力こそが真の教養

このように見てくると、シェイクスピアにしてもマックス・ウェーバーにしても、自らの思考や判断において使いこなせる実践技法にまで習得していなくてはならない。まさに言語能力として肉体化されていないと意味がないのだ。

その意味では、自己言語化レベルまで読み込むなら、コミックの『キングダム』や『鬼滅の刃』でも構わない。大事なことは「アーツ」、技法として身体化できているか否かであり、ディテールの知識ではない。

かの福沢諭吉が『学問のすゝめ』で日本人が学ぶべしとしている「教養科目」も、簿記会計、数学、英語など、まさにいろいろな領域で使われる言語的な科目ばかりである。最初に言葉ありき。人間は言語でものを考える。プログラミング言語もまさに言語であり、コンピュータを動かす言語体系を一つでもいいから習得しておくことは、これからの時代の言語能力≒考える能力を高めることにつながる。

ちなみに経営者を目指すなら簿記会計を習得しておくことは必須である。会計業務がＡＩ化、自動化されても、簿記会計の基本構造を言語レベルで叩き込んでおかないと、出てきた会計数値、決算数字をもとに経営について考えることができないからだ。もっとプリミティヴには、粉飾決算やプログラミングのバグによる間違った決算に気づくことも不可能である。

東大王が「うんちく王」である皮肉

このように知識を単なるうんちくに留めず、自分の思考や行動に応用できるようになるレベルまで自己言語化するには、相当の訓練が必要だ。オックスブリッジに代表される欧米のリベラルアーツ教育において少人数教育が行われ、正解のない問いを立て、それについて徹底的な議論が繰り返されるのは、そのためだ。だから本来の教養とは学ぶものというより、鍛錬に鍛錬を重ねて習得するものというほうが実態に合っている。

それに対して、現在の日本の大学におけるリベラルアーツ教育は、単なる知識の詰め込みになってしまっている。残念ながら東大の教養課程も大宗において例外ではない。これは高度成長時代に、工業化社会に適合した人材をいち早く、大量に世の中に送り込む必要があったからだろう。大学の2年間でさらっと知識を身につけさせ、とっとと社会に送り出すことが重要だったのだ。しかし、そのモデルは実社会ではとっくに耐用期限が終わっている。

その一方で、テレビ番組ではクイズ王、すなわち正解がある問いに素早く答える超優等生としての「東大王」が評判になっている。すなわち東大生≒「うんちく王」として持ち上げられるようになってしまっているのだから、何とも皮肉である。

政治家でも経済人でも、世に「教養人」と呼ばれる人は「うんちく王」とほぼ同じで、教養はあるけれどその教養が邪魔をして実践力、突破力がイマイチ、要はリアルリーダーとしては「??」ということが暗に示唆されている場合が少なくない。だとしたらリーダーにとってそんな「うんちく教養」は無用の長物である。

「言語」だからすぐ役に立ち、ずっと役に立つ

教養やリベラルアーツについてこのような実践性を強調すると、慶應義塾塾長だった小泉信三の「すぐ役に立つものはすぐ役に立たなくなる」という名言(迷言?)を持ち出して批判をする手合いが出てくる。

典型的には大学の文系の先生に多い。かつて文部科学省の会議で、「大学はもっと真剣に学生が世の中に出たあとに真に役に立つ実学を教えるべきだ」「シェイクスピアの英語原文を教える暇があったら実用英語を教えろ」「サムエルソン経済学よりもまずは簿記会計だろ」とやったら大炎上。「全大学人の敵」という名誉あるレッテルを頂戴した。また、ある有名私大の先生からは会社に電話がかかってきて「お前のいっていることは言語道断だ。学術会議で問題にしてやる!」と、昨今、話題の日本学術会議を持ち出して恫喝《どうかつ》された。

しかし、言語というものはすぐ役に立ちずっと役に立つものである。そうそうフルモデルチェンジするものではないのが言語だからだ。英語のような自然言語はもちろん、

簿記会計についても、基本となる複式簿記の仕組みは数百年にわたり変わっていない。

プロフェッショナルのレベルは言語習得レベルとおおむね比例する

学んだことを道具として使える、つまり自分の思考や行動の基準となるところまで習得することは、その領域におけるプロフェッショナルスキルの根幹となる。

英語の習得において、リスニング力やスピーキング力、あるいは単語力などさまざまな能力が上がっていった結果として高い英語力を習得できるように、ビジネスや経営の世界においても、さまざまな能力を言語として身につけ、それをブラッシュアップしていくことでビジネスや経営の力が高まっていく。仕事とはそのプロセスでもあるのだ。

そして、その言語とは、いわゆる教養的なものとは限らない。例えば介護従事者が相手の要望を無言のうちにくみ取って、その人が望む介護を行う技術は、極めて高度なコミュニケーション技術であり、まさに言語そのものだ。知識と経験、そして想像力が問われるアート、知的技法でもある。

いい換えれば、真のリベラルアーツ、より良く生きていくための知的技法は、知的な学習作業と、実践による鍛錬とを行ったり来たりしないと習得できず、身体化された言語にはならない。よく欧米のインテリ経営者がすらすらと歴史の名言やエピソードを絶妙のタイミングで持ち出すことに感心する人がいるが、それは彼らが言語的レベルで名言や歴史的事実を習得し、日常的に思考過程で援用しているから。慌てて「一冊でわかる……」系の本を読んでも無意味、時間の無駄である。

介護現場がそうであるように、私たちがリベラルアーツを身につけるチャンスは、日々の仕事、日々の生活の中にいくらでもある。要は習得する姿勢の問題である。

言語である以上、やはりその習得は若いうちのほうがいいのは確かである。そしてここでも「挫折力」は有効だ。使ってみて、うまくいかなかったら「なぜうまくいかなかったのか」を考え、修正し、また使ってみる。挫折とリカバリーの連続の中で人間は言語を身につけていく。

失敗を恐れなければ、恥をかくことをいとわなければ、何歳になっても「言語」を習得することは可能なはずだ。

第4章

リーダーの仕事は「捨てる」ことである

会社の寿命を縮めるのは「引き算ができないリーダー」

——その場しのぎは大罪である

日本のリーダーの「捨てられない」病

さて、この章からは、この修羅場にあってリーダーシップを発揮するための、より具体的な方法論について述べていきたい。

ここまで繰り返し述べてきたことだが、改革においては最終的に「捨てる」「切る」という選択を迫られることが多い。そして「捨てた」責任、「切った」ことから生まれる怨《えん》嗟《さ》を最後にすべて背負うのは、改革にゴーサインを出したリーダー自身である。最高権力者であるはずのリーダーにとって最も重要かつ困難なことが「捨てる」決断なのだ。だが、日本の組織の多くは、捨てることが苦手な人がリーダーになってしまう傾向がある。

まず予備選抜がいわゆる優等生の集合から行われる。その上、ムラ社会型の組織においては、権力を握ったらラディカルな改革を断行して、ムラの調和を乱す危険性のある人材を排除してしまう。トップまで生き残るのは、取締役会という、各部門の代表者で構成されるいわば部族長会議で、事を荒だてないように行儀良くふるまい、部族間の相互不可侵を守り、かつ利害対立をうまく調整するタイプである場合が大半となる。

その結果、危機に陥った会社を見ると、捨てることができないためにその場しのぎの延命措置に奔走しているところが少なくない。その延命措置が効けばとりあえず一息つけるが、へたな延命措置を施したために、かえって会社の寿命を縮めることもある。

「捨てる」ことができなかったＪＡＬの失敗

象徴的なのが、かつて経営危機に陥った日本航空（ＪＡＬ）のケースである。過剰な人員、ＯＢへの手厚すぎる年金、不採算路線など、「捨てるべきもの」が山ほどあったＪＡＬだが、結局それを手放すことができず、２０１０年に会社更生法を申請。私も加わったタスクフォースのもとで再生を図ることとなった。

しかし、ここに至る以前に自主再生の機会はいくらでもあった。中でも２００１年に9・11テロが起き、世界航空不況が始まった際に、ヒト、飛行機材、路線の三位一体の大幅なダウンサイジングを断行すべきだった。

しかし当時の経営陣はそれができなかった。リストラによる労働組合との軋轢や、路線廃止による地方自治体からの批判を恐れて、「捨てる」ことができなかったのだ。

それどころか、当時のＪＡＬのリーダー（おそらくは当時の監督官庁も）は「加える」ことを選んだ。日本エアシステムとの合併である。規模のメリットを活かすことで、生き残りの道を目指したのだ。

だが結局、ＪＡＬは合併による規模のメリットを活かせなかった。しかもＪＡＬを蝕《むしば》んでいた問題は未解決のままだったから、むしろ組織は膨張し、経営プロセスは複雑化して、状況は悪くなる一方だった。そしてＳＡＲＳ騒動、リーマンショック、新型インフルエンザと続いたイベントリスクにとどめを刺され、会社更生法の申請に至ったのだ。

「合併」は一時しのぎに過ぎなかった

ちなみにバブル崩壊以降、弱体化した日本企業の中には、ＪＡＬに限らず合併による延命をはかったケースが少なくない。一時期、企業合併のニュースが相次いだことを覚えている人も多いはずだ。合併すれば規模が大きくなり、両者の長所を活かせば生き残れると考えてのことだろう。しかし、その多くは失敗に終わった。

結局のところ多くの合併は、問題の先送りでしかない。病巣をえぐり、何かを捨てるという決断が怖いから、一見華やかな合併に逃げているだけだったのだ。

合併効果を出そうとするなら、重複した機能や設備、人員はリストラしなければならない。それも効率性、生産性を尺度に。しかし、実際はそれができずに組織も機能も設備も重複したまま。幹部人事も、どうしようもなくなって何かを削る場合も、効率性や生産性と関係なく、両社たすきがけになってしまうケースが多い。捨てる覚悟のないリーダーを上に持つ組織の悲劇である。

リーダーは「今の空気」よりも「数十年後の幸せ」を直視せよ

このように、経営において「捨てる」ということは非常に難しい。とりわけ、挫折を知らない優等生は捨てるということに大きな抵抗を感じてしまう。しかし、行き詰まった会社のリーダーに求められるのは、「引き算」の発想である。経営というと、常に新しいものに取り組むこと、つまり「足し算」と思っている人もいるが、そうではない。もちろん、「足し算」が必要なときもある。だが、困難に陥ったとき必要なのは、むしろ「引き算」である。「引き算」とは、いわば撤退戦である。市場という領地をライバル企業に譲り渡すことになり、さらには社員の犠牲を伴う。得るものは何もなく、社員の士気の維持も困難だ。

撤退戦を皆が受け入れるのは、敵の圧倒的な攻勢にあい、他に選択肢がない場合だ。だが、撤退戦は本来、なるべく早期に始めなくてはならない。まだまだ勝機があるように見えるのに撤退するというのは、スタッフには受け入れがたい。撤退を決意したリーダーは社内では叩かれ、へたをすると経済誌など社外でも叩かれることになる。

それでも組織のためを思えば、リーダーは「捨てる」を選択しなくてはならないのだ。

企業再生の仕事を通じて、私は数多くの倒産した企業のリーダーと接してきた。そこからわかったことは、彼らのほとんどは、自社を取り巻く問題を的確に把握していたということ、そして彼らの多くが実に「いい人」であることだ。わかってはいても情に流され、「空気の支配」にあらがえず、リーダーがすべき「捨てる」ということができなかったのだ。

だが、10年、20年という長い期間で考えたとき、多くの従業員にとって望ましいのはどちらか。彼らの家庭を壊さずにすむのは、どちらか。それを想像できる力があれば、リーダーがすべきことはおのずと見えてくる。

そして、これからの不安定で不確実な時代背景で経営をするということは、素晴らしくいいこともあるかもしれないが、それと同じくらい厳しい局面にも遭遇することになる。いざというときに捨てる覚悟のない人に、リーダーは務まらないのだ。

「撤退戦」でこそ、リーダーの真価が問われる
——本当の危機になる前に動け

インテルの見事な「撤退戦」

「捨てる」ことができない日本の経営者に比べ、欧米の企業は「撤退戦」がうまいという印象がある。前述したノキアの携帯電話事業からの撤退も印象的だが、より見事な撤退戦を見せた企業として特筆すべきは、1980年代のインテルだろう。

日本勢の攻勢を受けた半導体メモリー（DRAM）から撤退、その資源をMPU（マイクロプロセッサー）に一気に投入することで成功した。インテルはそもそもDRAMを作るためにフェアチャイルドからスピンオフしてできた会社だ。メモリー事業からの撤退には、社内での相当の抵抗があったはずだ。その抵抗を押し切ったことで、はるかに大きな成功を得た。さらにその後、同じマイクロプロセッサーの中でも、アーキテクチャーの異なるRISCチップか、従来型のCISCチップか、両方を追いかけ続けるかの選択を迫

られたときも、ＲＩＳＣからの撤退という思い切った舵取りを行っている。当時のインテルのトップだったアンドリュー・グローブ（彼は私が留学したスタンフォード大ビジネススクールの先生でもある）によれば、いずれもまさに生きるか死ぬかの大決断であり、語るも涙の撤退戦だったようだ。

このような撤退戦を見事に戦い切る経営者こそが、名経営者との名声を得る。ユダヤ系であるがゆえにナチスの迫害を受け、故郷ハンガリーを脱出して米国に渡ったグローブの人生は、まさに修羅場の連続、挫折と挽回との繰り返しの壮絶なドラマである。まさに挫折力の勝利なのだ。

ちなみにこういう話をすると、米国と日本は違うという人がすぐに出てくる。

確かに欧米は日本に比べ、人のリストラがしやすいという側面があるのは事実だ。しかしシリコンバレーの資本主義は、極めて人本主義的で、人間関係が濃密な世界だ。シリコンバレーが単純な設備産業ではなく、知識集約型の産業クラスターで成り立っていることを考えればすぐわかることだが、この地域で人間を単なる道具や労働力と考える人間は絶対にマネジメントで成功しない。

かのドラッカーが喝破した通り、この地域の働き手は、自らの頭の中に生産手段を持っている「知識労働者」である。したがって、いわばボランティアとして尊重しなければ、企業経営は成り立たないのである。

「多くの人が気づかないうちに捨てる」のが一番難しい

このように組織の再生においては、必ずしも組織全体が危機を自覚していない段階で危機の萌芽に気づき、何かを捨てる決断をする、ということが重要だ。だが、これが一番難しい。

倒産のような最終局面まで至れば、リーダーは何でもできる。部下も何でも受け入れるようになるが、そのときは手遅れである。最終局面になる手前、いわば「平時」から「有事」への境目で危機を悟り、捨てる決意をする。そうすることで組織の被害を最小にとどめることができる。

すでに組織のガンが半ば進行している状態で改革・再生に動き、何かを捨てたとしても、その犠牲は大きい。強引な給料カットやリストラを断行して、血を流さなければならない。破綻寸前まで危機が進行していたら、出血量はさらに多くなる。一方、早期に手をつけてしまえば、出血はわずかですむ。多くの部下の生活を守る形で、改革ができる。

とはいえ、組織そのものがまだまだ元気な状態なので、抵抗勢力も十分力を持っている。改革の痛みや不安に伴って組織に動揺が生まれると、抵抗勢力は実権を奪うまたとない機会と考え、攻撃に出てくる可能性もある。

さらには傍観者まで、抵抗勢力に与しやすい。闘争を傍観する者の多くはまだ危機に気づいていない。だから血を流すのを嫌う。「それほど悪くないのに、なぜコスト削減が必要なのか」などと自分たちの既得権益が侵されるのを嫌がり、改革に反発を感じる。心情的に抵抗勢力を応援するから、改革側は数的に劣勢となりやすい。

徹底的に戦い抜き「シーソーが倒れる瞬間」を待とう

こうした戦いは、陰湿な内戦にもなりやすい。大企業なら社内の反対勢力がマスコミにリークし、改革派潰しを狙うといった手口も使われる。

だが、週刊誌に怪文書が載るくらいそくそくらえである。何を書かれても命に別状はない。リーダーは覚悟を決め、こういう抵抗勢力があきらめるまで絶対に方針を変えてはならない。もちろん弾を撃ってきた連中は、本人が自首投降してこない限り、徹底的に叩く。戦いが続く限り、何十年かけても落とし前はつけさせる覚悟を持って、逡巡してはならない。

逡巡は、内戦を泥沼化させ、不幸な人々を増やし、不幸な時間を長引かせることになる。

一般に、改革勢力が2割いるとしたら、抵抗勢力も2割、残る6割は傍観者というケースが多い。ここで勝利のカギを握るのは、6割の傍観者をどれだけ改革側に引き寄せられるかだ。これは前にも述べたシーソーの理屈である。彼らが一定数、改革側にまわれば、シーソーがパタンと倒れるように、こちらの勝利となる。

その具体的な方法については前章で述べた通りだが、ここでもやはり「捨てる」という覚悟が重要になってくる。

ともあれ、まだ組織に体力が残っているうちに「捨てる」という決断をすることが重要なのだが、組織に体力が残っているだけに、その際の抵抗はすさまじいものになる。それを乗り切る覚悟とノウハウが重要になってくるのだ。

「私と仕事とどっちが大事なの？」
——普段から「二者択一」の場に自分を置こう

「バランス」が無理なら、どちらかを「選択」しよう

リーダーになって初めて大きな選択を迫られるようでは、冷静な判断は難しい。どうすれば冷静な「取捨選択」ができるようになるのか。ここでは、その能力の磨き方についてお話ししておきたい。

その方法の一つとして、日ごろから積極的に「二者択一」の場に自分を置くという方法がある。

例えばよくあるストレスの一つに「仕事を取るか、配偶者・彼女（彼氏）を取るか」という二者択一がある。「ワークライフバランス」という言葉が浸透してきたとはいえ、今の日本にあって、体力・知力によほど優れたスーパーマンでない限り、仕事もプライベート

も完璧に追いかけるのは不可能に近い。どちらかをある程度犠牲にしなければならず、トレードオフの関係にある。

そういった状況で、どちらも中途半端にしてしまっている人は多いだろう。ここで一念発起し、「選択」をしてみたらどうだろう。

例えば今はつき合い始めた大事な時期だというのなら、いっそ仕事を捨ててしまうというのも手だ。夜はなるべく早く帰る、夜の接待はなるべく断る。そうすると仕事も限られた時間でこなさざるを得なくなるので、自然にいろいろな無駄を省くことを考え、工夫するようになる。すると、意外とどうでもいいことに時間を使っていたり、どうでもいい相手に気をつかってくだらないつき合いに時間を浪費していたことがわかってくる。

逆にこのプロジェクトが終わるまでという期限を設けて、相手に待ってもらうという選択もある。私の場合でいえば、大阪の携帯電話会社に行くことが決まったときは、妻子を東京に残して単身赴任することを選択した。そうすると限られた時間でどうやって家族との絆をしっかり守るかを真剣に考える。すると土日の接待ゴルフはやめ、週末にはできるだけ家に帰れるよう、仕事についても優先順位をつけ、捨てるべきものは捨てるようになる。

以来、スタンフォード留学時代、あれほどはまって、結構うまくなっていたゴルフは「趣味」の項目から外れた。

どちらかを選んだら、一方は我慢するしかない。我慢にはストレスがかかるが、それに耐えるのも大事なのだ。そもそもこのくらいの問題なら、どうということはないはずだ。

今の日本にあって、仕事を犠牲にしてプライベートを取ったとしても、せいぜい左遷される程度ですむ。上司に殺されるわけではなく、解雇の心配もない。そんな居直りも可能だ。

逆にプライベートを捨てて仕事を取ったとしても、フラれるか、配偶者の怒りを買うぐらいである。それで死ぬことはないし、絶望的な状況に陥ることもない。本当に縁があれば、それでもつき合いは続くだろう。最終的にはなるようになる、そう居直ってしまえばいい。

このようにして取捨選択し、あるものについてはあきらめる。一番まずいのは、居直れずに仕事もプライベートも追いかけてしまうことである。まさに優等生がやりがちで、成功体験しか知らない優等生ほど、あれもこれもとなる。だが結果は、えてして中途半端に終わる。本人はどちらも得たつもりでも、相手はそう思っていない。上司の覚えは悪くなり、相手からも愛想をつかされるといった具合だ。

そんな「どちらかを切る」という選択ができないリーダーが重要なポジションにつき、やがて会社を危機に陥れる。

モンスーン型社会の日本では「総取り」は不可能

実は、高い地位についてからスキャンダルに巻き込まれるリーダーにも、この「捨てる」ができない人が多い。地位や権力だけで我慢できず、「豪邸に住みたい」「有名にもなりたい」「愛人もほしい」などと、あらゆるものに同時に手を出して、それらを捨てることができずに破滅するというケースは枚挙に暇がない。

日本のような嫉妬心の強いモンスーン型の多湿農耕社会で、これらのものを同時に手に入れたら、必ずどこかで目に見えない大きな力があなたを抹殺しにくる。これはこの国の数千年の歴史の賜物なので変えようがない。ちなみに欧米でさえ、権力者の多くが大衆やライバルたちの嫉妬によって抹殺されている。シェイクスピアの悲劇など、ほとんどが男の嫉妬の物語である。

ちなみにもっと若いうちから、この「捨てる」ということができるかどうかを知るバロメーターがある。それは、学校の試験において「白紙答案を出したことがあるかどうか」である。

授業がくだらない、その科目は自分の受験には必要ない、など理由はさまざまだと思うが、自分なりに考えた結果として白紙答案を出すということは、立派な「取捨選択」である。もっとも私も経験があるのだが、自分の中ではしっかりした理由があるとしても、いざ真っ白の答案用紙を出すのはなかなか勇気がいるものだ。少なくとも担当教官には烈火のごとく怒られる。あらゆる科目でいい点数を取らねばならないと思い込んでいる優等生にとっては、なかなか難しいことだろう。

倒産した企業の社員が見出す「坂の上の雲」

——失うものがなくなると、人は自由になれる

捨てることの重要性を学んだ、最初の大きな再生案件

捨てることで自由になった手で新しいものをつかみとり、そこからいろいろな刺激を得る。その刺激を面白いと思っているうちに、また新しい何かがほしくなり、今持っているものを捨てる。この繰り返しによって人生は面白くなっていく。

また、自分では意識しないままに、過去のしがらみにとらわれて身動きが取れなくなっていることもある。成功体験にこだわりすぎて新しいことに踏み出せなかったり、もはや存在意義を失っていることにばかり時間を取られ、本当に価値のあることに時間を割けないなどだ。

こういったことは、やはり挫折を経験してみることで実感できる。挫折とはある意味無理やり「捨てざるをえない」状況に陥ることだからだ。これは、企業再生の現場でも何度

も実感したことだ。

自分の会社の経営危機を除くと、プロフェッショナルとして最初に手がけた大きな再生案件は日本長期信用銀行系リース会社の日本リースで、負債総額2兆3000億円は当時の最高だった。再生案件が普通のコンサルティングと大きく異なるのは、提言だけではダメで、極めて短期間で決着をつけなければならないことである。時間がたてばたつほど、会社の資産価値はどんどん落ちていく。スピードが重要だ。

社内には、もちろん抵抗勢力もいる。だが意外にも、多くの社員は切り替えが速い。ある意味、過去を完全に否定され、変わらないと生き残れない現実があるから、現状にすがりつこうとする思いが弱いのだ。つまり、挫折を味わった組織や人は気持ちの切り替えが速いということである。

また日本リースのように会社更生法の適用が申請された法的整理案件の場合、通常は法律上できないことでも、できる場合がある。つまり完全なトップダウンのもと、物事を一気に動かすことができるのだ。

再生案件でカギを握るのは「優秀な人材を辞めさせない」こと

ちなみにこうした場合、最も注意を払わなくてはならないのは「人」である。それもリストラをする場合は比較的単純な話だが、人材にこそ企業価値の源泉がある場合は非常に難しい。

このような状況では、優秀な人から辞めやすい。再生案件のほとんどはトップに問題があったからであり、現場には優秀な人材がたくさんいることが多い。こういった人材をいかにつなぎとめるかが、企業再生では重要になる。

このとき私たちがやったのは、「今頑張れば、高評価してくれるスポンサーが必ず見つかる。そうすれば、あなた方の生活も良くなる」「スポンサーが評価してくれるのは、今後の事業を再拡大するためのプラットフォームとなる組織集団。だから皆で頑張ってほしい」と何度も説明し、しっかり理解してもらうことだった。実際、それこそが会社再建の道であり、社員たちは新しい株主のもと、そのままの組織で働き続けることができる。

一般に日本人は、「組織をバラバラにされたくない」という思いが強い。メンバーが一人ひとりちりぢりになってしまうのは耐えられない。自分自身、できれば今の組織にとどまっていたいと思っている。

そのためには今の仕事に励み、できるだけ高く評価してくれるスポンサーに引き取ってもらうことが一番である。それをわかってもらえば、人は残る。企業再生というと、資産や債権などお金のことばかりに目が向かいがちだが、最も要となるのはやはり「人」なのだ。

失うものがなくなると、人は自由になれる

結局、日本リースのケースでは、当時の従業員の多くがむしろ人生の可能性を広げられたのではないか。その中のキーパースンだった何人かは、私が産業再生機構のCOOに就任したときに、高給の職をなげうって馳せ参じてくれた。そこからさらに、今の経営共創基盤(IGPI)に参画してくれている仲間もいる。失意のどん底で、何もかも失ったと思って坂を見上げた瞬間、平成の時代においても、そこには白い雲が見える。あとは、雲を追いかけて坂を上り始めるかどうか。

その坂を上った人間の一人、日本リース出身で、その後、産業再生機構から現在まで私と共に働いてくれているのが、みちのりホールディングス グループCEOの松本順氏だ。機構時代から現在の経営共創基盤に至るまで、一貫して地方のバス会社の再建に取り組み、大きな実績を上げている。

人口減少と高齢化に苦しむ地方のバス会社。ちょっと見には夢も希望もない業界のように見えるかもしれないが、実際はさにあらず。挫折の底にある人たちからは、坂の上の雲

が見える。そこに踏み出した人々は、明治時代や戦後の昭和期に日本人が享受した、日々、進歩すること、昨日より今日が、今日より明日が良くなる喜びを味わうことができる。すると会社は力強く再生への道を歩みだすのだ。松本氏の強さの源泉は、やはり会社の倒産によってむしろ人生の自由と希望を手に入れたという、自分自身の体験にあると思う。

「自由とは、失うものが残っていないことの代名詞」とは、クリス・クリストファスン作、ジャニス・ジョプリンの歌う「ミー&ボビー・マギー」の一節だ。何かを捨てざるを得ない立場になり、すべてを失ってみると、意外と自由さを感じ、またそこから希望を見出すことは紛れもない事実なのだ。「捨てる」ことができない人は、「捨てることは自由になり、新たな希望を手に入れること」と考えて、その恐れを排除していこう。

人間の幸福感の多くは、現在の富や地位の絶対値よりも、それが上昇していく相対的な変化にこそあるものなのだ。それを実感を持って知っているリーダーは、厳しい状況でも、いや厳しい状況ほど、仲間や組織を勇気づける力を持っているものである。

いつでも「捨てられる」自分をどう作るか
――30代半ばまでは「石の上にも3年」が真理

収入は大事。しかし、それに縛られると不自由になる

何かを「捨てる」決断をしたことで、その責任を負うことは、リーダーの宿命である。その責任は立場が上がれば上がるほど大きくなり、それにより自分自身も収入が激減、あるいは収入がゼロになることだってあるかもしれない。そんなことを恐れずに決断せよ、といいたいところだが、実際には自分や家族が生活できなくなるのは大問題である。

そう考えたとき、いざというときに決断が鈍らないようにするためには、そうなっても困らないと思えるだけのスキルを身につけることが大事になってくる。つまり、「どんな状況でも飯を食える」自分を作っておく必要があるということだ。

そのためには「石の上にも3年」と思い、まずは一つのことに取り組むことだ。そこで

一つのスキルを身につければ、移り変わりの早い時代とはいえ、10年ぐらいは食べていけるはずだ。

このとき、収入の多寡にはあまりこだわらない。「最低限の生活」という言葉は抽象的で、人によって個人差がある。生活レベルを引き上げたいのは人情だから、ついもっと稼ぎたいと思う。あるいは同期とのライバル心から、同期より稼ぎたいと思う。

だが、そうした稼ぎへのこだわりは、何かを捨てるときの束縛になりやすい。「もっと稼いでから捨てよう」と思っているうちに、ズルズルと歳月が過ぎていってしまう。

特に、今の収入に縛られている限り、そこから先はない。稼ぐ額へのこだわりを捨てることで、初めて「捨てる」という一歩を踏み出せる。そして回り回って、もっと稼げるようにもなるのだ。

「石の上にも3年」はけだし名言である

私はといえば、30代前半の「都落ち時代」、おそらく自分の給与は東大卒の同期の多く、例えば大手金融機関に行った連中よりも低かった。ましてや外資系の大手コンサルティング会社や投資銀行とは比較にもならない。それでもスキルを身につける期間だと思えば、充実した日々だった。さらにいえば給料が少なければ、その職を捨てて、新しい職に移ることも簡単にできる。稼ぎが少ないことは、むしろ自由になれる条件だと考えよう。

あとになって、「これは自分の進むべき道ではない」と後悔することもあるだろう。それでもしばらくは続けてみる。一定期間一生懸命やってみないことには、進むべき道かどうかはわからない。

一生懸命に一つのことをやる期間は、1年でも2年でも構わない。一つの期限を設け、そこまではあきらめずに挑戦する。ただ、一つの物事が自分に向いているか向いていないかは、3年ぐらいやって初めてわかるものだ。最初は「合わない」と思っても、しばらく続けるうちに「意外に向いている」と思うようになるケースも多い。「石の上にも3年」とはよくいったものなのだ。

逆にやってはいけないのは、幸福の青い鳥を追いかけまわすことだ。今の仕事が合わないからといって、さっさと別の仕事を探す。その新しい仕事も納得がいかず、「自分に向いている仕事は、きっと他にある」と、すぐまた新しい仕事を求める。そこからは何も生まれない。

canを増やしていくうちに「点と点がつながる」

結局ビジネスの基本とは「自分の仕事の価値に対して、誰かが対価を払ってくれるか」に尽きる。つまり「どうやって人様の役に立つか」だ。自分は何ができて、どう役に立てるかということを日々、考え続けるべきだろう。

そう考えると、やはり「役に立ち続ける」ためには、自分のやりたいことでなければ難しいだろう。つまりcanとwillが重要となる。すると、そこに世の中がある種の役割を与えてくれる。これがshallになるわけだ。

だからこそ、特に若いうちはcanを大きくしていくことが重要なのだ。canが多ければ多いほど、選択肢が広がる。willがあっても、canがなければそれを実現することはできない。音楽好きなのに才能が追いついていないと悲惨だが、それと同じようなものだ。

若いうちは特にwillにこだわりたいと思うかもしれないが、音楽など才能勝負の嗜好性の高い分野は別にして、それが本当に自分のwillかどうかは、実際にやってみないとわからないものだ。それに残念ながら、「好きか嫌いか」と「向いているか向いていないか」は、まったく別物である。

canを広げようとすると、必然的に挫折が起こる。限界までやろうとすることで、あちこちに頭をぶつける。そして、その過程で自分の伸びしろを見つけ、さらにcanを広げていく。

社会人になってから15年ほどは、「この分野しかない」と一つに決めるよりも、いくつかの分野でcanを増やしていき、刻印を記していくのがいいだろう。「これからはAIだ」と決めてそれだけに注力したところで、10年後にはまったくの時代遅れになってしまっているかもしれない。事実、マルチメディアやICTなどというワードは、もうすっかり聞かなくなってしまった。

意識してもらいたいのは、単に知識を得るのではなく、それを普遍的な能力に昇華させる意識を持つことだ。

確かにAIプログラミングの知識は10年後、陳腐化している可能性がある。しかし、そこで学んだ「アルゴリズムを作る」という発想は、他の仕事にも役立つ可能性が高い。論理構成を組むという能力は、極めて応用範囲が広いからだ。

つまり、単にプログラミング言語を身につけるのではなく、そのベースにある普遍的な能力とは何かを考え、それを意識して身につけるということだ。

最初はどうかと思っても、とりあえずそこで一生懸命頑張ってみる。すると、点と点が結ばれていく。前にも触れた、スティーブ・ジョブズのいうところの"connecting the dots"である。

結果が出ていることをあえて「見切る」必要も

逆に合っていないと思いながらも、そこそこ結果が出ているからと3年以上ズルズル続けるのも問題だ。他にもっと才能を発揮できる場が見つかる可能性もある。見切りをつけることも選択に入れたほうがいい。

3年ずつ違うことに挑戦していけば、9年で三つである。大学卒業後すぐに始めれば、30歳過ぎでそれだけの経験をしたことになる。不安定な生き方にも見えるが、自分自身がよりよく見えるようになり、これからの生きる糧となる。

自分のコアになるスキルを探るために、チャンスがあれば20代から30代半ばまではいろいろなものにチャレンジしてみるのはいいことだと思う。大学院に進学するのも選択肢を増やす決断の一つだし、資格の取得もそうだ。大学院進学や資格の取得により、自分の可能性は広がっていく。あるいは家庭生活を得るというのも、選択肢を増やす決断といえるのだ。この時期は、時間もお金も自分を鍛え磨くための手段である。自己投資のためならば、思い切って使い切ることを逡巡しないほうがいいと思う。

逆に、若いうちから慎重居士で、期待生涯年収や企業年金を一生懸命調べて人生設計をする人もいる。もちろん人生それぞれだから、そういう人がいてもいいと思う。しかし30年前にそんなことをいっていた人たちが入った会社が、当時は就職人気ナンバーワンだった某航空会社や某金融機関だったことも、若い人たちは知っておいたほうがいい。

30代になったら、捨てる作業を始めよ

――「小さな成功体験」があなたの足を縛る

ダ・ヴィンチでもない限り「あれもこれも」は不可能

ところが人生の現実として、30代半ば頃から、選択肢は増やしにくくなる。自分を取り巻く環境が、それを許さない。

人間あれもこれもできるわけではない。できるのはルネサンスの天才とされたレオナルド・ダ・ヴィンチのような、ありあまる才能に恵まれたごく一部の人のみである。いや、彼らとて人生という時間には限りがある。30代になると、実は選択肢の増やしすぎで手が塞がったような状況に陥っていることも起こりがちだ。本人にその自覚はなくとも、周囲からはそう見える。

アメリカのスポーツ選手には、野球もできれば、アメリカンフットボールもできる、さ

らにはバスケットボールもできるなどと、二つ三つのジャンルでオールアメリカンクラスの実力を持つ人が少なくない。

そんな彼らでも大学在学中、あるいは大学を出たあたりで、どれか一つを選ぶ。例えばバスケットボールを捨てなければ、野球というジャンルで新しい技量を手にできないからだ。優れたアスリートは捨てるという作業を通して、真に一流のアスリートへと進化していくのである。

スポーツ選手の場合、その分岐点は20歳前後だが、普通の人生でいえばやはり30代が分岐点だろう。この時期になれば、捨てることを意識し始めていく。今までは選択肢を増やすことばかりしてきたから最初は難しいだろうが、そこを断ち切るしかない。例えば超一流企業から欧米のトップビジネススクールでＭＢＡ取得みたいな、絵に描いたような「パワーエリート」系の人も、プロフェッショナルとして自立していくための転職のチャンスは30代半ばまでである。次のまともなチャンスは、一流企業の中で出世して、実力派として業界有名人になったとき、おそらく20年くらい先だろう。

その成功体験は、そんなに大層なものなのか？

「捨てるのが怖い」というのは、誰しも抱く心理だろう。だが怖がっていては、そこから先は何も生まれない。割り切って一つ歩を進め、捨ててみる。すると視界が変わることがわかる。これまで見えなかったものが見えるようになり、「捨ててよかった」とさえ思えるようになる。

30代で捨てる作業ができない一つの理由に、それまでの成功にこだわっていることがある。これもまた一流高校卒、一流大学卒、一流企業入社といった優等生に多い。

だが、よくよく考えれば、30代までの成功など高が知れている。あるプロジェクトが成功した、ある企画商品が売れた、といったレベルのもので、社会的に見れば「一過性のもの」ぐらいにしか認識されていない。しかも、東大を卒業して司法試験に受かる、あるいは財務省に入省するということそのものが、成功体験だと思い込んでいる人もいる。

だが、ある組織の中でワクにはまってしまっていると、それに気づかないことが多い。社内表彰を得ることが最大の目的になってしまったり、同期のライバルに勝つことだけを意識したりと、外から見れば「それがどうした」というようなことに血道を上げるようになる。

自分の仕事の「成果」とやらを、自分が持っている「肩書き」や「地位」とやらを、一度客観的に眺めてみよう。それは本当に守るに値するようなものだろうか？　一回きりの人生において、いかほどの価値を持っているモノなのか？

「社長の地位」を捨てた私の背中を押したもの

かくいう私も42歳のとき、ＣＤＩの社長の座を捨てて、産業再生機構の設立に参画した。当時のＣＤＩは80人程度の会社とはいえ、経営危機を乗り越え、国内唯一の独立系戦略コンサルティング会社として確固たる地位を築いていた。私自身はそのトップコンサルタントであり社長である。この頃には年収もそれなりのものはもらっていた。設立以来、15年間苦労を共にしてきた仲間との絆もある。その座を手放すのにはいろいろな覚悟が必要だったが、それでも捨てる道を選んだ。

それができたのは、過去に捨ててきた体験があったからだ。弁護士になる機会を捨てたし、せっかく入ったＢＣＧも捨てた。捨てることへの耐性があったため、次々と捨てることができた。また、そういった体験から、比較的質素な生活をしていたし、家族の経済的な期待値も私の市場価値と比べて低めになっていた。だから、年収が何分の一かになる選択についても、決定的な障害にはならなかった。

産業再生機構は企画時点では、非常に懐疑的な見方をされ、マスコミからの批判も根強い政策であった。政府が主導するという意味では、政治的なリスクも大きかった。だからそこそこの成功をすでに収めていた民間人、有名人の多くが、そこに参画することを尻込みしたようである。

もちろん私も当時までは政府や政治とは、縁もゆかりもない人間。不安がなかったといえば嘘になるが、祖父母がカナダに渡ったときの不安、父が家族を抱えた状況で会社が破綻したときに味わった不安、自分がＣＤＩの経営危機と大阪単身赴任時代に味わった不安と比べると、大したことはない。うまくいかなくても、飯が食えなくなるわけでもなければ、命を取られるわけでもない。もとより、当方、市井の片隅に生きるノーバディである。

結局、ＣＤＩの社長の座を捨てたことで、より多くの人々の人生や、社会全体に対してポジティヴな影響を与えることができたと思うし、私自身、より面白く、より充実した人生を歩むことができていると思っている。

繰り返すが、捨てることは怖くない。それによって新たに得られるものも大きい。このことがわかるようになるには、捨てざるをえなくなる体験をすること、すなわち挫折をすることこそが最も有効なのだ。

COLUMN

捨てられない人、西郷隆盛の「捨て方」

最大の功労者が「抵抗勢力」となった明治維新

「敬天愛人」。西郷隆盛が愛した言葉である。戊辰戦争に勝ったあと、維新革命で完遂すべき天命と、愛すべき人々の間で、西郷は大変な葛藤に苦しむことになる。西郷は情の人である。情の人は「捨てること」が極めて不得手。西郷隆盛はどうやってこの相克を乗り越えようとしたのか。

有事における大改革で最も難しいのは、既得権益層の切り捨てだ。彼らが完全な敵ならまだ鬼になれるが、その中には先輩もいれば、同僚もいることが少なくない。こうなると、リーダーは情にほだされ、改革の手を緩めてしまう。

さらにいうなら、改革の第一段階を成し遂げたとき、その功労者を切り捨てなければならないことだってある。昨日までの同志であれ、今後の改革には抵抗勢力と化すのがわかっているなら、これを切る必要も出てくる。

その典型的な構図が、戊辰戦争後の西郷隆盛を含む指導者たちと一般の武士たちとの関係だ。

明治維新においては、軍制の改革が行われた。国軍を従来の士族階級で再編するという意見と、完全に国民皆兵にして農民も使うという意見が出た。前者は西郷隆盛、後者は大村益次郎の主張である。

戊辰戦争それ自体は、士族と士族の抗争である。徳川士族に代わって、薩摩や長州の士族が勝ち組になり、既得権益を強奪したに過ぎない。西郷は、その新たな既得権益層である薩摩や長州の士族を切り捨てるに忍びなかった。彼らは、西郷と幕末から明治維新にかけて苦労を共にした仲間だったのである。あるときは、彼らにかばわれ命をつなぎ、あるときは彼らと生死を共にしようと決意した。それだけ深い仲だった。

だが、西郷も理屈で考えれば、大村のほうが正しいとわかっていたはずだ。だがそれをやってしまうと、士族階級は存在意義を失う。情の人・西郷は士族を哀れに思い、国民皆兵を主張できず、士族階級を切り捨てることができなかったのではないか。多くの挫折や修羅場を経験してきた西郷にして、それができなかったのだ。

おそらくこの時点で、西郷は自分の行く末を覚悟したのではないか。西郷は無私の人でもある。自分は抵抗勢力であり、明治政府から敵視されることを観念した。やがて征韓論に敗れた彼は、士族に自らの命を委ねたかのように、鹿児島に戻る。そして明治政府に反発する士族たちとともに、西南戦争で死んでいく。

西郷というリーダーの「限界」

こうした西郷の姿勢や人間性には、誰もが胸を打たれるものがある。だが、非情に徹するのが、改革のリーダーである。ことリーダーの姿勢ということのみで考えれば、西郷は改革時のリーダーとしては限界があった、ということになる。若き日からの盟友である大久保利通を誰よりも知る西郷は、その非情なる役回りを、最後に政敵となった盟友に委ねたのかもしれない。

非情に徹することができないのであれば、そのときは自らが抵抗勢力として、抵抗勢力を道連れにして切り捨てられる覚悟をする。西郷の西郷なりの「捨て方」というのは、こういうものだったのではないか。

ただ、既得権者たちと心中するかのような「捨て方」は、よほど日頃から人間としての修養と、そのための周到な準備(その後の家族の人生も含めて)をしておかなければ、できるものではない。西郷に憧れるのは簡単だが、あのような生き方をすることは、およそ常人には不可能に近い。

ちなみに国民皆兵を主張した大村は、西郷よりも前に反発する士族たちにより暗殺されている。そして大久保も西南戦争の翌年に暗殺されている。明治維新におけるリーダーたちは、常に命がけの覚悟を求められていたのだ。

それに比べたら、会社の抵抗勢力との争いなど大したことはない……そう考えることもできるのではないだろうか。

第5章

強力かつ危険な「権力」をリアルに使いこなす

権力を得るのは難しい。しかし、使うのはもっと難しい

――「ダメなリーダー」を観察せよ

「権力」の世界は、きれいごとだけでは語れない

有事におけるリーダーの条件、いや有事こそリーダーが本当に必要な局面である以上、「真のリーダー」になる条件の最後の一つが「権力を使いこなす」ということになる。リーダーとは、他人に影響力を与えることができる人であり、それはまさに権力者なのだ。これはきれいごとではすまされない、リアルな世界である。

権力を使うためには、まずそれを手に入れなくてはならない。会社にしろ、国家にしろ、通常、権力というものは、地位や出資といった何らかの制度的なものに紐づけられている。したがって権力を手に入れるためには、自らその地位に就くか、そういう地位にある人に強い影響力を及ぼす関係を構築する必要がある。その関係性は、あるときはお金かもしれ

ないし、またあるときは親子、師弟、先輩後輩という心理的な支配関係かもしれない。情報や知識が重要な場合もある。

いずれにせよ、さまざまな手段を駆使して力や組織構成員に対する影響力を手に入れ、かつそれを保持し続ければ、その力を目的達成のために使うことはできない。

日本型企業でトップが「権力」を使えない必然的理由

ところが、権力を手に入れることと、権力を上手に使うことには、トレードオフがあることが普通なのだ。前にも述べたが、日本的な組織で出世するには、いろいろな人たち、いろいろな部門と貸し借りをたくさん作りながら、調和的、調整的な行動パターンに徹したほうが成功確率が高い。

しかし、こうやって権力を手に入れると、その過程で生まれたしがらみから自由になることは難しくなる。君主が豹変してリーダーシップを発揮しようとした瞬間から、各部門からは「そんなことを期待してあんたを社長にしたつもりはない」、先輩からは「誰のおかげで偉くなったと思っているのか」と攻撃を受ける。

良くも悪くも株主主権モデルの米国企業なら、「俺は主権者である株主の信託を受けている」と頑張れなくもないが、日本のカイシャはステークホルダー主権、しかもその中で最も力を持っているのは正社員サラリーマン（その成れの果ての役員やＯＢも含む）の総意である。これが社長更迭に傾けば、社長のクビなど軽いものだ。

これは裏返していえば、権力というのは、使い方を間違えると、自らを傷つけるものでもあるということ。権力の中でも伝家の宝刀に近い強烈なものほど、空振りすると自分が致命傷を負う危険性がある。よく切れる刀はすべて諸刃、頭の上にはダモクレスの剣がぶら下がっているものなのだ。

権力者が身を滅ぼすのは、ライバルの台頭以上に、自ら権力の使い方を間違えて自滅していく場合のほうが圧倒的に多い。だから、権力の使い方について、若いうちから修練を重ねておくことは重要になる。

まずは小さい組織で「権力の使い方」を学べ

ところがここでやっかいなのは、かつての民主党政権を見ればわかるように、権力に自らかかわらないと権力を使うことの本当の難しさがわからない点にある。

だからどんな小さな組織からでもいい、できるだけ早い段階から、権力を使う側、与党の側で苦労することが大事だ。平社員のときは課長になれば、いろいろな権限を握れるから、自分ならああも、こうもできると考える。課長になると部長になれば……最後は社長になれれば！と考えるものだ。しかし上に行けば行くほど、権力者という立場は、とても不自由で危険な地位だとわかってくる。

そして何度もいうが、権力作用が最も難しく、かつ重要な意味を持つ局面は、組織の有事、すなわち組織構成員、組織内の既得権者に痛みをもたらすような改革が必要なときである。そこで上手に権力を使いこなすには、権力を奪取する方法、保持する方法も含めて、周到に事を進める必要があるということだ。

日本国の政治家たち、そして自分の身のまわりにも、一見、権力の使い方がへたくそな人がたくさんいるはずだ。そこで「賢い自分が力さえ持っていればこうするのに！」などと単純に考えず、なぜ、できないのか、なぜ失敗するのかをしっかり観察することだ。逆にうまくいっているケースと、いったい何が違うのかも。

自らも小さな組織のリーダーとして、あるいは中間管理職という中途半端な権力者として、いろいろな失敗と成功を積み重ねながら、周囲で起きる成功と失敗についてもよくよく観察、学習しておくことが肝要なのである。

80人を救うため、20人を犠牲にできるか
——会社は頭から腐るが、現場からは腐らない

企業の劣化は「人間の劣化」と同じ過程をたどる

企業再生にかかわっていて、つくづく思うことがある。「魚は頭から腐る」という言葉があるように、破綻した会社の多くはトップから腐っていくものだということだ。

企業の劣化は、人体の老化に似ているところがある。人は老化によって病気を発症していくが、その病気はさまざまである。だが、根にあるのは老化である。

企業も同じだ。表に出てくる問題はさまざまでも、その根っこにはすべて、マネジメントの劣化がある。

ここで経営者が環境の変化に気づき、再びプラスの側面が現れるような環境を整えれば、企業の劣化は止まり、好転させることができる。だが気づかず何もしないなら、企業の劣化は進む。これが、魚の頭の腐った状態といっていい。

だが、これは逆にいえば「現場からは腐らない」ということだ。実際、倒産した会社を見ると、社員一人ひとりは総じて高いスキルを持っているものだ。現場の組織能力も高い。うまくマネジメントすることができれば、一気に生まれ変わらせることも可能だ。社員自身、いいマネジメントのもとで働くことを望んでいる。

もちろん放っておけば、頭の腐敗は体にも及んでしまう。そうなると銀行から借金を全額放棄してもらってもダメ。再生不能だ。

その前になんとかしなくてはならないが、再生企業は資金が乏しい。銀行もそうは簡単に融資をしてくれない。そうなると給料カットや首切りなどによるコスト削減が視野に入ってくる。このときにはやはり、権力の使い方が問われるというわけだ。

「社長」という孤独

大ざっぱにいってしまえば、社内の人間には資産と負債がある。

社員にスキルがあり、組織能力も高ければ、支払う給料以上の価値を生み出せる。これは資産になる。資産なら、それを活かしていかに稼ぐかを考えればいい。

逆に給料以下の価値しか生み出していなければ、社員は負債になる。また社員が資産と考えられる会社でも、全員が資産にあてはまらないこともある。また、いくら価値を生むといっても、給料ぶん働かないようでは、彼らは負債と見なすことにもなる。

働き相応に給料を下げるか、働く場所さえない場合はここで初めて「首切り」という選択肢が視野に入ってくることになる。

このように追い詰められてくると、いよいよトップ経営者、すなわち最高権力者の孤独が鮮明になる。最も大事な資産である人、その一部を会社が生き残るために切らなくてはならない。100人の組織で、80人を救うために20人にこの船から降りてもらう。

それが経営の合理だし、より多くの人々が守られるのだから、救われる80人から見れば正義でもある。しかし、20人一人ひとりの人生はそれぞれ一回きり。その家族の人生も一回きり。80パーセントの人々を救う正義と、人生を100パーセント失うかもしれない一人ひとりの正義。この非対称性はどこまでいっても克服できない。

『これからの「正義」の話をしよう』(早川書房)で有名になったハーバード大学のマイケル・サンデル教授の講義にも、これとそっくりの舞台設定が出てくる。この答えのない問いに答え、その最終責任を背負うのがリーダーの中のリーダー、トップ経営者である社長の仕事なのだ。

平社員は振り返れば課長がいる。課長には部長が、部長には役員が、役員には副社長、副社長には社長がいる。しかし社長には振り返っても誰もいない。この厳粛な事実に気がついたとき、底知れぬ恐怖と孤独を感じない人はいないはずだ。裏返していえば、この恐怖と孤独からトップマネジメントが逃げ始めたとき、会社は頭から腐り始めているのである。

かの渋沢栄一翁も同じような趣旨のことをいっているようだが、社長と副社長の距離は、副社長と平社員よりも遠いのである。これをわからずに、経営トップの座につくと、人生の最後の局面で、取り返しのつかない「挫折」を味わうことになる。

課長の頃から「経営者」としてふるまえ

――中間管理職は結局「板挟み」からは逃れられない

現場を動かしているのは「課長」である

『そうか、君は課長になったのか』『はじめての課長の教科書』……書店に行くと、「課長」と名のつく本が一定数以上並んでいることからもわかるように、課長というのは極めて重要な存在だ。課長とはいわば現場マネジャーであり、日本企業の強みである現場を実際に仕切っているのは課長さんだからだ。

前述したように、単なる「監視役」としての中間管理職の役割は急速にすたれつつある。だが、メンバーを勇気づけ、方向づけ、組織の全体目的に整合するように動かすというマネジメントはいまだ重要であり、課長の仕事は、その最小基本単位を司る大事な仕事だ。

本書の読者にも、課長職の人は多いことだろう。課長は個人の立場でも、キャリアの中で最初のリーダーらしい役職でもある。それなりの権限、権力を持つことになるが、下から突き上げられ、上からは抑え込まれ、上下の板挟みでいわゆる中間管理職の悲哀を思う存分味わうことになる。

世に「中間管理職」研修やそのためのノウハウ本はたくさん存在する。だからここではそういったものとは、できるだけダブらない話をする。

「中間管理職の板挟み」は、結局、どんな立場になっても同じ

まず中間管理職の悲哀は、きっと部長になっても役員になっても変わらないことを伝えておく。社長になると板挟みの構造は、もっと深刻になる。しかも社長は全権を握っている以上、言い訳が何もできない。上司はいないのだからそのせいにはできないし、自分自身が選んだ部下のせいにもできない。すべて最後は自分の責任であり、失敗の被害は、自分以外の多くの人々に及ぶ。だから悲哀は、悲劇的に深まるだけだ。

次に、上司であれ、部下であれ、自分が課の目的を達成するためには、実はすべて持ち駒なのであって、うまく使い切らないと中間管理職の役目は果たせない。そういう意味では、トップリーダーと仕事のスコープは本質的に変わらない。大企業のトップでも、毎日、

直接働きかけられる部下の数なんて、せいぜい十人程度である。それ以外は、基本的に間接統治に過ぎない。人伝てにどこまで自分の影響力を及ぼし得るかは、あなたの才覚次第なのだ。

課長のときから「トップリーダー」として行動せよ

最後に、課長として判断しなくてはならないことの大半も、やはり「あれか、これか」の選択である。いい換えれば何を捨てるかの選択である。課長ごときに大した予算権限も人事権もないというかもしれない。しかし、部下と自分の「時間」という、人生で最も貴重な資源の配分権は、ほとんどが課長の裁量の中にあるのだ。「会社の利益」「課の利益」「課員それぞれの利益」の共通集合を見出す最大のカギは、この時間の使い方、使わせ方にある場合がほとんど。このことは、部長になり、役員になり、社長になっても同じだ。

私自身、マネジメントらしきことに生まれて初めて対峙したのは、中高生時代の音楽祭（クラス対抗合唱コンクール）の指揮者だった。合唱の練習なんてするモチベーションはもともとないクラスの仲間をどうやって動機づけ、方向づけるか。練習時間をどうひねり出すか。

やがてコンサルティングの仕事で、何人かのチームメンバーをまとめるプロジェクトマネジャーになったときも、そして大阪で携帯電話会社の中間管理職的な立場だったときも、さらには産業再生機構の実務のトップとして、最盛期、41の子会社と、直接雇用者だけで10万人近い人々のマネジメントを担ったときも、本質的な問いが変わることはなかった。

結局、機能する中間管理職になる最大のカギは、トップリーダーのつもりで考え、行動することにあると思う。自分は「○×○×課」という名前の株式会社の社長。後ろにいる部長、いや社長でさえも自分の部下、手駒として利用する姿勢で仕事に臨めばよい。ますます管理職の孤独は深まるが、あなたの仕事ぶりは、一つ上の次元にシフトするはずだ。ますそして幸か不幸かさらに出世していっても、何も困ることはない。自然にトップリーダーへの道が開けてくる。

優れたリーダーは「情と理」を使い分ける
――名経営者が必ず持つ「二つの顔」とは？

人間は「合理」だけでは絶対に動かない

仮にチームや組織のデザインは合理的にできたとして、次はその運用。権力の具体的な執行の仕方である。そこで必要となるのが「情理と合理の使い分け」となる。

リーダーが組織を統率したり、会社の経営を行ったりするとき、「合理」すなわち理論や合理性が重要なのはいうまでもない。経営において経済合理性は一つの指標であり、組織同士の戦いとなれば、勝つための理論づけが求められる。売上と費用、資産と負債は冷徹な数字であり、金勘定の最後は血も涙もないメカニカルなものである。

だからといってリーダーがマネジメントを理詰めだけで押し進めていくと、痛い目にあうことが多い。いくらリーダーが指揮命令権や人事権を持っていても、組織は理論通りには動かず、リーダーの想定とはまったく違う動きをとる。

これは組織を構成している要員が、人間であるからだ。人間は感情を持つ生きものであり、そのモチベーションは感情に左右されやすい。そして私たちが、直接監視し働きかけられる人間の数なんて高が知れている。自分の見えないところで、それぞれのいろいろな思いを持って働いている人々に有効に働きかけられなければ、会社というものは、経済的な目的を実現できないのも事実なのだ。

一人ひとりの違いを理解し、「すり合わせる」のがリーダー

そこで、情と理の使い分け、すり合わせの妙が、決定的に重要となってくる。

そもそも人間一人ひとりには、差異がある。性格もインセンティヴ構造も人それぞれだから当たり前だ。組織のスタッフ各自が合理的に行動したとしても、その合理性というもの自体、スタッフ一人ひとりによって異なる。利益の増大を第一と考えて、コストカットを考えるスタッフもいれば、付加価値の増大を第一と考えるスタッフもいる。顧客獲得の増大を考えるスタッフもいる。このように各自が自分自身の合理性に合わせて行動してしまうと、リーダーの予期せぬ方向に組織が向かうこともある。

部分最適と全体最適の齟齬《そご》もある。組織内の一つひとつの部署が合理性を発揮し、最大限の成果を上げたとしても、これにより組織全体が大きな成果を得られるとは限らない。その部署には最良の処置であっても、組織全体にとっては最良ではなく、むしろ足を引っ張ることもある。

リーダーが組織を統率するときは、そうした人間の持っている情、組織の持っている不合理性にも光を当てる必要がある。スタッフ一人ひとりの情緒、個別性、全体を頭に入れて策を立て、初めて組織と人は思った方向に全力疾走してくれるようになるのだ。

「情と理との板挟み」になっても逃げない覚悟を

ただ、難しい局面では、情と理は相互に矛盾することが多い。前に触れた、戊辰戦争後の西郷隆盛の状況である。

特に、企業も国も大きなトランスフォーメーションが迫られる時代においては、それによってハッピーになる人とアンハッピーになる人に大きく分かれてくる。変容の度合いが大きければ大きいほど、その差も大きくなる。もちろん、最終的にはより多くの人がハッピーになる道を選ぶとしても、短期的にはどうしても不幸になる人が出る。

そこの塩梅《あんばい》をどうするか。リーダーにとってここは極めて重要だ。変化はしなくてはならないが、急ぎすぎると会社がおかしくなってしまう。ある部分をゆっくりやりながらある部分だけ先に進めるなど、「合理と情理」のバランスをうまく取ることが重要になってくるのだ。

理から生まれる力、情が生み出す力、時に逆方向に作用する二つを折り合わせて、できるだけ同じ方向に作用させること。これが権力を使う技の中でも最も高度なものである。

勝負どころにおいては、まさにこの技が求められる。本来、逆方向に作用するものを折り合わせるのに、一般的な正解はない。リーダー自身が、どちらからも逃げず、二つの力の板挟みになりながら、必死にやり繰りしていくしかないのだ。そこからその状況で機能する固有の答えが見つかるはず。とにかく逃げないことである。

「二つの顔」を使い分けることができるか

情理と合理が必要なのは何も日本型組織だけとは限らない。マキャベリも『君主論』にて同じようなことを書いている。古くはシェイクスピアからギリシャ神話まで、そういう話だらけだ。リーダーの本質は古今東西変わらない。

ただ、日本の場合、情理により力を使わなければならないのは事実だろう。終身雇用制を前提とした同質性の高い「ムラ社会」である日本企業においては、理屈だけではダメで、会社への思いや人間関係など、情に訴えながら何とか相手に共鳴してもらい、自分の思う方向に人を動かさなくてはならない。

いわばリーダーは「二つの顔」を使い分けねばならないということだ。松下幸之助や稲盛和夫といった名経営者たちはそれを見事に体現している。世の中の真理や人生といった哲学的なことを語る一面と、商売人として利益を厳しく追求するという面とが共存している。

その二つの顔を一つの人格の中に持つことは決して矛盾したことではない。むしろ、それをアウフヘーベンできた人が大経営者になるのだろう。逆にいえば、それができない人は、情理に流され、最も安易な方向に流れていってしまうのだ。

権力＝人を動かす力の源泉を突き詰める

――「切り札」の使い方が明暗を分ける

権力の源は結局「人事権とカネ」にある

権力の贅肉をどんどん削ぎ落としていくと何が残るか。いわゆる権力、力ずくで人を動かすときのパワーの源泉は何か。政治学の用語でいえば、外交におけるハードパワー（軍事力）に相当するものは、組織経営においては何か。

結論からいえば、これは人事権とお金の配分権である。意見対立が起きたとき、部下が上司のいうことを聞かずに統治能力（ガバナビリティ）の危機に陥ったとき、最後にものをいうのは、人を入れ替える権限と、資金を取り上げる権限なのだ。組織経営における物理的強制力、軍事力や警察力に相当するものは、結局、ヒトとカネを動かせる力なのである。

人望もなく、能力もない人間でも、この二つの権限さえ手に入れてしまえば、出世をしたい人や、少しでも多くのヒトとカネの配分をもらっていい仕事をしたい人は、その権力者にすり寄ることになる。

人事権も金も、乱用すると価値を失う

ところがこの人事権と金の配分権は、使えば必ず相手に何らかの作用をもたらすが、諸刃の剣でもある。

人事も、資金配分も、リーダー自身の意思を反映させるほど、必ず怨嗟や恨みが生まれる。誰かを偉くすれば、誰かがポストを失う。限られた資金は、どこかの配分を増やせば、別のところが減らされる。誰でもお金や地位をもらえれば嬉しがるが、それによって全面的な信頼が得られたなどとは思わないほうがいい。

もう一つ、人事権とお金の一つの特徴は、あまり乱発すると次第にその威力が失われることだ。人事権やお金の行使にも、限界効用逓減《ていげん》の法則が働くのである。人は、地位やお金に麻痺しやすいからだ。

例えば100万円の報酬で仕事をもらったとき、最初は大金だと思う。お金を支払ってくれる相手にリスペクトが働くが、その後、何度も100万円の報酬が続けば変わってくる。次第に100万円という金額に麻痺して、相手へのリスペクトも忘れてくる。

そんな相手をもっと本気で動かすには、より多くの金額を支払うしかないが、しばらくすればその金額にも麻痺してくる。相手をもっと動かすには、さらにお金を積むしかない上、次第にその効果は逓減してくる。最初にお金を使ったときほど、鮮明な効果を得られない。地位も同じである。

その上、お金もポストも、その源泉に限りがある。無制限に使うわけにはいかないから、有効に使う必要がある。お金を多く使っても効果がさほどないとみたら、ここは一つ考え直す時期かもしれない。

自分のソフトパワーはどのくらいか、常日頃から意識しておく

まず、権力の切り札であるハードパワーは、乱用、乱発しないことだ。本当の勝負どころで使う。そのときは、空振りして自傷しないようにしっかりと狙いを定め、乾坤一擲《けんこんいってき》、思い切り使う。

他方、日常においては、正統性や権威、人望といったソフトな力、人間の心情そのものに働きかける影響力で、自分の意思や方針を人々の行動に反映してもらうように心がけることだ。

それでは、どうやってそのソフトパワーを身につけるか。これはもう人それぞれというしかない。ある場合はオーナーの血統ということが正統性の源泉になることもある。もちろん人望やカリスマ性で勝負する人もいるだろう。

ただ、常に、「報酬も、ポストも使えない場合、アメもムチも使えない場合、はたして自分は、組織メンバーに対して、どれだけの影響力を及ぼし得るか？」という自問自答は続けるべきだ。

権力者が「失脚」するとき ――リーダーが陥りがちな三つのワナ

立場が近い人からの「嫉妬」に注意する

リーダーがその使命をまっとうし、自らの自己実現をはかるためには、ある程度の間、権力の座、あるいは権力に影響力を及ぼし得る立場にい続ける必要がある。その前に引きずり降ろされたり、暗殺されてしまうと、事は成就しない。

本来、権力者は少なくともハードパワーを手にしているわけで、権力闘争上は極めて有利な立場にある。しかし、志半ばで倒れた権力者には、むしろまっとうな仕事をしようとした人が多い。

それでは、何を権力者は警戒すべきか。私の実体験と目撃事実をもとに独断と偏見で三つ挙げておく。

一つ目は嫉妬である。特にインテリ、同性（男性だったら男性、女性だったら女性）の嫉妬は要注意。彼ら彼女らは、あなたが権力を手に入れたこと自体、不公平だ、単なる幸運に過ぎないと思っている。ましてやあなたが正しい改革を遂行しようとすればするほど、しかもそれが成功する兆しが見えるや、この嫉妬の炎は最高潮に達する。「自分も、同じことを考えていたんだ」「あんな不公平な人事でなければ、自分がやって称賛を浴びていたのに」と思うからだ。これは必ずしも立場の敵味方に関係ない。いや、むしろ中途半端に立場が近い人たちのほうが危ない。

インテリ系、特に男性の場合、決してこの思いを正直には吐露しない。むしろ何らかの理屈に置き換えて、その権力者の足を引っ張ろうと画策する。典型的には、その改革でダメージを受ける既得権益層にすり寄り、政権打倒をけしかける。社長ＯＢや、オーナー一族などの会社の長老たちにも讒言《ざんげん》をして、「このリーダーはけしからん」という世論形成に励む。

こうした怨嗟が一定以上、累積すると、最後に倒れかけたシーソーを反動的に揺り戻す大きな力になる。大衆も、本質的には嫉妬深いからである。特にムラ社会の住人である日本人一般にとって、嫉妬心というのは、非常に強力な心理因子である。

だから、富、名声、権力を一身に集めることは危険なのだ。シェイクスピアの悲劇、『オセロ』のイアーゴは誰の心にも住んでいるのだから。もちろんこの私の心にも。

追い詰められた人の「命がけの抵抗」は恐ろしい

次に警戒すべきは、失うモノは何もないところまで追い詰められたときの抵抗勢力である。リストラに際しても、地位もメンツも気にしているインテリ階級の人間が直截な闘争手段としてやることは、せいぜいが怪文書をばらまくとか、週刊誌に書かせる程度。自分の身を法的、物理的な危険にさらすようなことは、まずやらない。

むしろ、ここで職を失うと、本当に生きていけない、あるいは子どもが進学をあきらめなくてはならないといった立場の人のほうが、命をかけて牙を剝いてくる。追い詰められればネズミも猫を咬《か》むし、人も強大な相手に対し、命がけの刺し違え覚悟の勝負を挑むものだ。その切実さを考えれば当然だ。だから、そういった立場の人たちへの気配りこそ大事なのだ。

そして、真に弱い立場にある人の人生を壊さないためにも、改革は早めに手をつけるべきなのだ。

その段階なら、退職金も上乗せで払えるし、次の仕事を見つけるための支援や時間的な余裕を作れるし、M&Aで雇用を維持したまま売却できるかもしれないのだ。

三つ目は、権力者自身の煩悩だ。一つ目の嫉妬心は、まわりの人間の煩悩である。しかし、それを緩和し、炎をよけるために、権力者は、富か、名声か、権力そのものをあきらめなくてはならない。お金を手に入れて高級住宅地に豪邸を建て、マスコミで頻繁に取り上げられ称賛され、イケメンで女性にモテモテ、おまけに権力の絶頂。これだけ揃っていて暗殺されないほうがおかしい。要は自分自身の煩悩をなにがしか抑えつけておかないと、いつの間にかまわりは、あなたの失脚を望んでいる人ばかりになる。

しかしリーダーとして大きな改革を成し遂げるほどの人物は、自分自身の内的なエネルギーも人一倍強烈。それが欲望に向かえば強烈な煩悩になる。ここが人生、難しいところだ。

中間管理職の世界にも「嫉妬、窮鼠、煩悩」は存在する

以上の話は、別にトップ経営者でなくても、中間管理職でも同じ。いや、小さな組織や部署のほうが、人間関係は濃密なので、もっと警戒レベルは上げておいたほうがいい。

それから万能ではないが、一定の予防効果、免疫効果を上げるのは、日頃から職場において自分より弱い立場の人たちとの信頼関係を大事にしておくことだ。その多くがあなたより若い人たちだろうから、彼らが成長し、より良い人生を送るために、できるだけの支

援を惜しまないことだ。

あなたより若い彼ら、彼女らは、おそらくは先にあの世に行くあなたに嫉妬することはない（反対に、年寄りが「今時の若者は」という背景には若さへの嫉妬がある）。むしろ自らの師、恩人として窮地のあなたを支えてくれることになる。「情けは人のためならず」である。

「内村鑑三とマキャベリ」は共存できるか
――リーダーが持つべき人格的な要件について

立場が上がるほど、「相克」も深くなる

こうして権力や権力者という視点から、リーダーについてリアルに考えてくると、リーダーがリーダーらしい職責をまっとうするというのは、なかなか大変だということが改めてわかる。

立派な課長だった人が部長になったら急に輝きを失う。役員の頃は威勢よく改革を語っていた人が、社長になったら急に慎重で保守的になる。こんな話は世の中にいくつも転がっていて、そうなるのが当然だとさえ思えてくる。

動機の善か悪かに関係なく、リーダーが権力を上手に使って、困難な問題に対して善なる結果をもたらそうとするとき、多くの場合、冷徹なリアリズムと、人間的な善との狭間

でいろいろな相克に直面する。それは権力者としての地位が上がれば上がるほど、逃げ場のない深刻な相克となる。

全体の利益と部分の利益。手段の正当性と目的の正当性。経済的な合理と人間的な情理。これらを正反合するためには、リーダー自身の中に、理想や理念を追いかけ続ける強い志と、それを実現する過程での人間界の悲劇をも飲み込むリアリズムとが、共存しなくてはならない。

「内村鑑三とマキャベリは、あなたの中に共存できますか?」という問いである。

リーダーには「ある種の狂気」が必要

これはおそらく正反対に近い二つの人格を、一人の人間の中に持ち得るかということ。常人においては、極めて困難な話だ。しかし、多かれ少なかれ、よく機能する権力者(リーダー)というものは、そういう側面を持っているのだ。

この二つを合一できるものは、最終的にはある種の狂気のようにさえ思う。それが私がいろいろな権力者(リーダー)を身近で見、自分自身もそういう役回りを担ってきた、体験的な結論だ。日常の温厚と修羅の鬼神。平時のバランス感覚と危機時の果断。この狭間には狂気とも呼ぶべき、胆力というか、腹の据わりみたいなものが横たわっているものだ。

皆さんのまわりには、そういう狂気を持っていそうなリーダーはいますか？　あなたは、そういう狂気を自分の中に見出せますか？　そして自らの狂気を、善なる目的のために使いこなす自信はありますか？

COLUMN
歴史小説の「正しい」読み方

歴史小説で描かれる高度な「心理戦」

権力というものを体験するには、リーダーの側でその意思決定を観察したり、自ら権力を使ったり、使われたりする経験をすることの他に、歴史から学ぶという手もある。

そのためには、歴史小説などをただ読むだけでは不十分だ。会社の経営者や重役には、歴史小説を読むのが趣味という人も少なくない。司馬遼太郎氏や塩野七生氏らの小説から学び、教訓を得ようとしているようだが、実際に役立っているかどうかは怪しい。

問題は読み方にある。歴史を英雄の物語として読んでいる限り、そこからは何も得られないのだ。

確かに歴史を英雄譚として読むのは楽しい。書き手も、ある人物を一種の理想像として描いたほうが売れるから、英雄物語として仕立てることが多い。ただこれでは、「自分も坂本龍馬のような天衣無縫な生き方をしたい」「織田信長のようなリーダーが出てきてほしい」と思うだけで終わりである。自己陶酔の先には何もない。

同じ歴史物を読むなら、「心理戦」として読むことだ。そのほうが、ずっと参考になる。お金や権力がどこでどう使われ、それに対して誰がどう反応したか。権力と権力が拮抗する中で、意外な第三者がキャスティングボートを握ったとき、どこに権力の空隙《くうげき》があったのか。制度上は強い権力を持っている人が、権力を行使しえない状況になってしまうのはなぜか。そうしたところに目をつけ、読んでいくのだ。

「結末を知らない」前提で歴史小説を読んでみる

また歴史物を人と人との心理の読み合い、化かし合いとして読んでいくと、ある一人のヒーローの活躍だけで世の中が動くことはないこともわかってくる。人と人との相互作用によって、歴史は動いていく。そこには天の偶然も働く。本人の意図とは別の方向に歴史が動くこともある。

幕末の薩摩のトップ島津久光などは、その典型だろう。公武合体運動を進めていたはずが、いつの間にか部下たちの暗躍により倒幕の急先鋒になってしまった。しかも倒幕を果たして権力が手に入るかと思ったら、いつの間にか領地を召し上げられ、華族として祭り上げられてしまった。本人はこの展開をどれだけ予想できたであろうか。

こうした視点は、結局、「自分は結末を知らない」という視点で読むことを意味する。結末を知っているから、頭の中に予定調和の世界ができてしまう。そうなると心理戦としては読めなくなる。登場人物の思惑を考えず、スイスイと読んでしまうから何も残らない。

結末を知らないつもりで、自分をその時点に置いたら、何を思い、どんな行動をとっただろうか。その想定を、実際の歴史に重ね合わせてみて、初めて多くの学びや教訓が生まれる。きっとそのシミュレーションからは、失敗を繰り返し、歴史の波に乗り損ねて、最後は殺されてしまう自分を発見するだろう。そして人間同士がいかに相互作用し、歴史が動いていくかも見えてくる。これこそが権力を使いこなす上で役立つのだ。

どんなヒーローも、お金がなければ何もできなかった

歴史物を読むとき、もう一つ念頭に置くといいのが、お金である。歴史は、理想やイデオロギーだけでは動かない。どんなに立派な歴史でも、その裏にはドロドロとして、描けないような部分がある。その典型が、お金にまつわる部分である。人間のいやらしい側面を浮き立たせるものがあり、そこから物事の根源が垣間見えてくる。

実際、お金がないことには何一つできない。お金がなければ武器も買えないし、食糧

も確保できない。お金を得るためにリーダーたちは、汚い手を使ってきたと思えるし、ある種の妥協もしてきた。戦国武将にしろ、戦ばかりしているように見えるが、彼らの最大関心事の一つはお金である。維新のリーダーも借金上手、たかり上手なタイプが結構多かったようだ。一つ間違えたらとんでもないやつである。

現代でいえば、政治資金問題である。政治の話を突き詰めると、やはりお金に凝縮される。政治家は霞を食いながら、政治を行っているのではない。現実には、選挙一つに勝つにも、お金がいる。政治家とカネの問題がいつの時代もなくならないのは、そのためである。

経営も同様だ。経営とはまさにお金を稼ぎ、使うアートである。お金がなければ給料も払えないし、未来への投資も、研究開発もできない。まさにすべてに「先立つもの」がお金である。

坂本龍馬はどうやってお金を得ていたのか？

ただ、お金にまつわる部分はあまりに生々しく、汚くもあり、話として残しにくい。そのため史料として後世になかなか残らないが、ドス黒いやり取りがあったのは確かである。そのドス黒い裏の側面を拾うつもりで読んでみると、歴史はまた、まったく違った一面を見せてくるものだ。

例えば坂本龍馬の物語を読むにあたり、お金という視点を持つと、大きな疑問が出てくるはずだ。坂本は土佐を脱藩し、その後は浪人となる。亀山社中を起こすまで、本人はほとんど稼がないが、お金に困った気配がさほどない。いったいどうやって生活していたのだろうか。

実家が裕福だったから、仕送りしてもらっていたという見方もあるが、これにも限度があろう。そこから坂本龍馬スパイ説、エージェント説も浮上してくるが、ならば誰がどんな思惑から坂本に近づいたのか、考えてみるのも一興である。そのあたりから現代にも通じる人間関係のリアリズムもわかってくるのではないだろうか。

冨山和彦（とやま・かずひこ）

経営共創基盤（ＩＧＰＩ）グループ会長。1960年生まれ。東京大学法学部卒。在学中に司法試験合格。スタンフォード大学経営学修士（ＭＢＡ）。ボストンコンサルティンググループ、コーポレイトディレクション代表取締役を経て、産業再生機構ＣＯＯに就任。カネボウなどを再建。解散後の2007年、ＩＧＰＩを設立し代表取締役ＣＥＯに就任。数多くの企業の経営改革や成長支援に携わる。2020年10月より現職。同年12月、地方創生を目的とした投資・事業経営会社「日本共創プラットフォーム」（ＪＰｉＸ）設立を発表、代表取締役社長に就任。パナソニック社外取締役。
『コロナショック・サバイバル』『コーポレート・トランスフォーメーション』（以上、文藝春秋）、『ＩＧＰＩ流　経営分析のリアル・ノウハウ』（ＰＨＰビジネス新書）など著書多数。

本書は2011年刊『挫折力――一流になれる50の思考・行動術』（ＰＨＰビジネス新書）を大幅に加筆・修正したものです。

装丁：竹内雄二
装丁写真：長谷川博一
本文デザイン：松岡昌代（ウエル・プランニング）
編集協力：スタジオ・チャックモール

「不連続な変化の時代」を生き抜く
リーダーの「挫折力」

2021年3月11日　第1版第1刷発行

著　　者　冨山和彦
発 行 者　後藤淳一
発 行 所　株式会社PHP研究所
東京本部 〒135－8137 江東区豊洲5－6－52
第二制作部　☎03－3520－9619（編集）
普及部　☎03－3520－9630（販売）
京都本部 〒601－8411 京都市南区西九条北ノ内町11
PHP INTERFACE https://www.php.co.jp/
組　　版　ウエル・プランニング
印 刷 所　株式会社光邦
製 本 所　東京美術紙工協業組合

©Kazuhiko Toyama 2021 Printed in Japan
ISBN978-4-569-84900-3

※本書の無断複製（コピー・スキャン・デジタル化等）は著作権法で認められた場合を除き、禁じられています。また、本書を代行業者等に依頼してスキャンやデジタル化することは、いかなる場合でも認められておりません。
※落丁・乱丁本の場合は弊社制作管理部（☎03-3520-9626）へご連絡下さい。送料弊社負担にてお取り替えいたします。